那18張傳票

從難解到和解，法庭中最不捨的親情選擇題

在法律邊緣徘徊的親情……
曾經相愛的家人，為何淪為法律關係人？
面對情感深淵，又該如何轉念放下？

簡大為 律師——著

暖心推薦（依首字筆畫排序）

- 收到此書的電子文檔，我迅速的就將全部的內容看完，一氣呵成。親情與愛情永遠是人生難解的習題，更是法庭中糾結不清的千絲萬縷。法律其實就是一場又一場人性的戰爭。本書透過簡律師細膩的文筆，帶你洞悉法庭中的人生百態。

——巴毛 律師

- 認識大為多年以來，只知道他是一位辦案認真並且溫暖又富有人性的好律師，近日忽聞他要出書的消息，驚嚇（？）之餘，連忙翻開第一頁開始拜讀。原本以為會是枯燥乏味的法普書籍（無差別攻擊？）沒想到精采程度居然讓我甘願捨棄Netflix連夜看完。走筆溫潤而不失鋒芒，透過律師的雙眼，照見每一張傳票背後的人性，是一本值得細細品味的好書！

——林鈺恩 律師

- 從難解到和解，再從和解到生命的善解；曾經你是多麼委屈的受害者，陷在如此痛苦的深淵，透過大為律師的《那18張傳票》，不再狠狠撕裂，也停止更大的毀滅，才有機會等到將來對方的真心道歉，那也是你最渴望的「終於被理解」。

——洪培芸 臨床心理師、作家

- 在一個個比扯鈴還扯的故事裡，我看見了熊律許多兩難和掙扎；向前一步是法庭，後退一步是家庭，有時在進退之間，平衡並不存在；有時礙於現行法條，受害人不一定真的能夠得到賠償，正義也不一定能夠得到「伸張」；還有些時候，從某一個角度來看，每一個人都是受害人。不是每一張傳票，都有美好結局，但我相信你可以從這些案件裡，感受到法律的有限，以及愛的無限。

——海苔熊 心理學作家

- 每段故事都深入人生，引領讀者從中思考人性在關係中展現的複雜、糾結與現實。書中的每一個案例，都讓人感到揪心與共感，也引發我們對於人性、親情、婚姻等議題的思考，值得一讀。由衷向您推薦。

——陳品皓 米露谷心理治療所策略長

前言

「所有事情都有正確答案。」這句話，在家事案件裡可沒辦法適用。

民事案件，拿到最多錢就是勝利；而刑事案件，則是「判得愈輕愈贏」。但如果是家事案件呢?你願意拿最少的扶養費，只為讓監護權穩穩到手?或者，你願意放棄子女，只求逃離充滿冷暴力的婚姻?還是，為了爭取到屬於你的那份遺產，你願意犧牲長達五十年的手足之情?家事案件永遠都沒有正確解答，只有一個接著一個的選擇。

因為人性的善良，所以最後都選擇了原諒

家事案件，絕對是眾多律師避之唯恐不及的類型，因為它充滿了衝突、情緒，

甚至會出現很多不理性、不恰當的行為，在法律混合了情感後，可說是把人性的醜惡面無限放大。但在選擇成為家事律師後，執業過程中我看到的，卻是被那些看似惡毒的行為所掩蓋，名為「人性」的一絲光芒。

經歷了數年律師生活後，我決定拿起筆（或稍微現實一點，下單無線鍵盤），記錄這十八張傳票背後充滿人性、抉擇，以及最重要的那一絲「善意」的故事。

起因可能是愛情、可能是親情，甚至可能只是萍水相逢而已，這十八位當事人在訴訟裡，面臨一個又一個的選擇，這些選擇也許讓他們痛苦、也許讓他們經濟窘迫，但他們最終都選擇了同樣的選項——原諒。

人生是一連串選擇，願你找出最適合的答案

這個選擇正確嗎？身為旁觀者的律師無權評斷，但能看出在簽下和解書的那一刻，當事人才真正脫離衝突的中心。在這十八場官司中，看著當事人從面對司法的

憤怒、怨恨，到最終放下、原諒的過程，我甚至覺得律師的工作並不是單純贏下訴訟，畢竟法院冷冽生硬的判決主文，絕不是解決問題的方法。

無論你是正在面臨重大衝突，抑或只是想看看獵奇的法庭故事，人生其實就是一個接著一個的選擇。希望能透過這十八張傳票陪伴著你，不用做到強人所難的百分之百正確，只求能幫助你在這些選擇裡，找出最適合你的答案。

目次

序曲

照見初心，看見最真實的人性

Chapter 1

與其一輩子後悔，寧願承擔所有風險

「你到底在想什麼？這麼小的孩子？要逼她來出庭？」「我也沒辦法，畢竟唯一的證人就是她。」小芬與丈夫為了外遇問題鬧上法院，卻沒料想到唯一能證明外遇事實的是年僅五歲的小孩，該讓她作證嗎？

「律師，我沒有證據……」幾個月前在會議室裡，小芬愁眉苦臉的說。他們家十分特別，女主外、男主內，丈夫外表看似粗獷，卻是家事能手。不管煮飯、打掃，還是照顧兩人的寶貝珍珍，他不僅一手包辦，甚至可比專業。而身為高階主管的小芬收入頗豐，理所當然一肩扛起經濟的重責大任。

案情相當單純，但小芬所面臨的狀況十分尷尬。已經是管理階層的她，每天都能正常時間上下班，每每回到家中，不管是家常菜還是叫外賣，丈夫都貼心的在她回家前準備好，而迎接小芬的常常是晚餐的香味與珍珍的討抱。

當然，還有丈夫那充滿愛意的眼神。

孩子的童言童語，意外揭開外遇祕密

正是如此讓人滿意、如此令旁人稱羨的家庭生活，才會讓小芬在得知丈夫早已出軌多年時，整個人手足無措。「我當時好多想法，要攤牌嗎？要離婚嗎？珍珍怎麼辦？為什麼是我？要告丈夫嗎？」小芬現在能冷靜陳述當時的感受，但我想當下她可能連憤怒都沒辦法，只剩慌亂與無助。「妳是怎麼發現的？」我問，辦案經驗中，發現的管道通常就是證據的來源，小芬遲疑了一會才娓娓道來。

珍珍還沒上小學，大部分的時間是由丈夫在家教養，父女感情相當好。那天丈夫回老家，由小芬請假在家帶孩子，午餐時珍珍突然神祕兮兮的跟小芬炫耀：「我跟爸爸有個祕密喔！」一定是他又偷買冰給珍珍吃了，小芬一面聽，一面想著等等要怎麼罵罵把女兒寵上天的丈夫。「喔？是什麼祕密啊？跟媽媽說好不好？」小芬問，但她怎樣也沒想到，女兒的回答竟讓她的生活從此丕變。

「阿惠阿姨，是我跟爸爸的朋友喔！」沒頭沒腦的，珍珍講出了一個小芬聽都沒聽過的名字。珍珍說，阿惠阿姨是爸爸認識很久的朋友，偶爾會來家裡，也會幫忙爸爸做家事，兩人還會在房間裡面待很久。但當小芬進一步追問他們在房間裡幹什麼時，珍珍就不知道了。

「我當天真的不知道要用什麼表情來面對丈夫。」小芬不是笨蛋，一聽就知道事情不對勁，但嘴上說不知道怎麼面對，最後還是堆起了笑臉，同樣用充滿愛意的眼神及滿桌的料理迎接丈夫回家，沒有人在她的眼裡發現任何異狀。

五歲的孩子，竟然是出庭作證的唯一人選

「法院大都認為，異性在臥房等曖昧空間私會，就算沒有直接的性行為證據，仍然構成侵害配偶權。所以如果妳想要因此求償、離婚，估計是沒問題的。」聽完故事，我分析給小芬聽，「但我大概知道問題在哪裡。」我接著說。

嚴格上來說，小芬的案件並不是她說的「沒有證據」，但這個證據若真的提出，造成的影響恐怕無遠弗屆。「有沒有跟丈夫的對話紀錄？家裡有無監視器呢？」我嘗試從其他地方尋找線索，但很遺憾的是，雖然丈夫後來口頭承認，但目前除了讓珍珍出庭作證外，根本沒有任何證據可以證明「阿惠阿姨」的存在。

「我已經想好，我要離婚，拿走我該拿的，就請律師幫忙了。」小芬正色告

訴我，但談到如何證明丈夫夫出軌，她為難的說：「我知道只有珍珍可以證明，但……真的不行。如果因此輸了我也認了，律師你盡力就好。」其實，我也認為珍珍的年紀不適合進入法庭，只是沒有證據的訴訟到底該如何進行？我沒有頭緒，但還是先將起訴狀送進了法院。

一如意料中的，不管是離婚還是求償，丈夫都十分不能認同，更睜眼說瞎話的否認出軌。「小孩隨便說說，我真的不敢相信妳就這樣相信，還要跟我離婚？」丈夫憤怒的說，完全忽略自己曾經親口向小芬承認的事實。確實，現在除了一名五歲小孩的說詞外，並沒有任何證據，但珍珍能對阿惠阿姨的外貌、來的時間如此鉅細靡遺的陳述嗎？我實在很難相信年僅五歲的小孩，可以隨便編造出來。

不必麻煩談調解，我絕對不讓你好過

「要離婚可以，珍珍我養，妳付扶養費。」丈夫說出條件，其實跟小芬想要的結果差不多。丈夫長期出軌，但他對珍珍付出的心力卻是實實在在，丈夫身為好爸爸、真切的愛著珍珍這件事，並不會因為出軌而抹滅。而且以工作性質而言，身為SOHO族的丈夫，確實比較適合擔任珍珍的陪伴者。小芬知道應該撇除私人情感來處理珍珍的事情，所以本來就打算將珍珍交給對方。

「離婚，你會難過嗎？」小芬盯著調解筆錄，沒有抬頭。在一旁的我聽了心頭一驚，離婚夫妻不會有好話的。「不會，畢竟這個家妳就只提供了錢，珍珍跟我會過得很好。」果然，不知是不甘心還是在逞強，丈夫嘴硬的回答。

聞言，小芬沒有再說什麼，丟下筆直接走出了調解室。「妳總是這樣，想怎樣就怎樣，有關心過我跟珍珍的感受嗎？」丈夫不僅不閉上嘴，在我追出去的同時還火上加油。

走出法院，我看到小芬已經在門口等我。「律師，我覺得調解就不用談了，我們直接訴訟吧！我要讓法院認證他出軌。」她氣憤的說。「那證據……」我講到一半就被打斷。「該怎麼做就怎麼做，珍珍也該知道她爸爸是什麼德性。」小芬強勢的說。

小芬的憤怒溢於言表，但我卻想起她最初剛來找我時，那投鼠忌器的態度，「這個案件，若讓孩子來作證，確實有很大的幫助。」我告訴她：「只是，把珍珍牽連進夫妻之間的糾紛，可能讓她產生忠誠問題。」看著現在不惜一切要勝訴的小芬，我嘗試著喚醒當初的那個她。

「律師，珍珍以後要跟爸爸一起住，難道她不用知道爸爸是什麼樣的人嗎？」小芬反問我。對於珍珍的扶養，小芬還是認為由爸爸來照顧比較好，但她現在想到丈夫與「阿惠阿姨」的關係就覺得噁心，絕對不能讓丈夫好過。

別無他法嗎？非得逼這麼小的孩子出庭？

告別了小芬，我回到事務所時早已過了下班時間。真的要傳喚珍珍嗎？我可以設計問題，讓珍珍在不知道自己爸爸出軌的狀況下，單純只就爸爸跟阿惠阿姨做了什麼來作證，但珍珍總會長大，就算她現在不知道自己在幹嘛，但我要怎麼確保她以後不會覺得自己「害了」爸爸和媽媽離婚。

翻開第一次的會議紀錄，在特別注意事項欄位中，那句以紅筆粗體字寫著的「子女心理狀況」，再次提醒了我小芬當初那堅持不將子女牽扯進來的神情，在空無一人的辦公室裡，我默默找出了對方的號碼。

「你應該知道，我們是怎麼知道阿惠阿姨這個人的吧？」我對著電話的另一頭挑明著問，「你不用擔心，我沒有錄音，我這個人不會偷偷來。」眼下丈夫沉默不語，我議諷的說。「你想說什麼？」對方依然沒有正面回應。「我就直說了，我們會傳喚珍珍來作證。」反正遲早會知道，我故意把證人告訴了丈夫。

「你到底在想什麼?這麼小的孩子，要逼她來出庭？」聽到小孩，丈夫果然馬上就有反應。「我也沒辦法，畢竟唯一的證人就是她。」我無奈的說。其實他的反應讓我安心不少，這對夫妻都還是很在乎珍珍的。「而且，珍珍也不懂得作偽證。」我繼續補充並且刻意提醒他，以珍珍的年紀，只會說實話。

「有沒有別的做法?」沉默了許久，丈夫最後終於擠出這句話。

談判桌前不是怨偶，是努力愛孩子的父母

兩個月後，走出調解室，小芬回過頭來，盯著隨後走出來的丈夫冷冷的說：「你應該知道，我沒有原諒你吧？」對此，丈夫只是簡單回應：「妳要怎麼搞是妳家的事情，不要牽連到珍珍就是了。」隨後沒有再多說什麼，丈夫就離開了。

看著雙方現在水火不容的態度，很難想像一小時前再度上了談判桌的兩人，不談出軌，也不談賠償，調解室裡不見針鋒相對的話語，只針對離婚、分居後，如何讓珍珍的生活儘量不要因此改變的討論。同樣的調解室，唯一跟上次不同的是，這次坐在談判桌兩邊的人並不是一對要離婚的夫婦，而是同樣都愛著珍珍的父母。就算侵害配偶權求償案件在另一個法院打得如火如荼，看似完美婚姻中的一個個瘡疤，在法庭上不堪的被揭開、結痂、再揭開，但在調解室裡兩人還是盡了最大的努力，把過去種種的不愉快留在門外。

「很累吧？」我看著小芬目送丈夫離開的背影，輕聲問她。「哪有不累的？但我是珍珍的媽媽啊！」小芬無奈的搖搖頭，便跟著我走下了樓梯。接下來，我們還

有場硬仗要打。

面對摯愛與仇恨，小芬沒有將摯愛當作仇恨的犧牲品。她很明白的告訴我，如果因此輸了案件，她確實會憤恨、難過，但如果利用了珍珍，就算贏了案件，她可能會一輩子都活在後悔中。她是婚姻中的受害者，但同時也是個母親，為了小孩，什麼風險都願意承擔。離開法院前小芬的那句話，至今我仍然記憶猶新。

「沒辦法，誰叫我是媽媽？」走在夜裡法院的長廊，小芬拿起手機，一面聯絡保母，一面苦笑著跟我說，她的眼中，無奈卻充滿了愛。

聽聽律師怎麼說

五歲的小孩或親人，可以作證嗎？

很多人都會質疑，小孩與親人作證的可信度。其實，法律並沒有規定誰「不可以」作證，只要能表達自己的意思，都可以到法庭上接受法官的詢問。只是，親屬、未滿七歲的孩童因為證詞比較容易受影響，而且也容易偏頗，所以這些特殊證人的可信度，在法官心裡大都會打個折扣，仍需要其他證據從旁搭配，才比較容易說服法官。

在個案故事中……

將摯愛的人傳喚到法庭上，等同逼她當著雙方的面選邊站。小芬做出了選擇。你，又會怎麼做呢？

轉念跟自己和解

摯愛，不應該被當作仇恨的犧牲品。小芬是婚姻中的受害者，同時也是母親，為了孩子，什麼風險都願意承擔。就算因此輸了案件會憤恨、會難過，但如果利用孩子贏了案件，可能會一輩子都活在後悔中。面對摯愛與仇恨，夫妻考量孩子的最大利益做出選擇，因為他們都是珍愛孩子的父母。

Chapter 2

最愛爸爸的孩子，卻是法律上的陌生人

連續劇裡常會看見子女為了遺產，爭得手足失和、面目猙獰，但現實總是比戲劇更殘酷，而且令人不平。三十多年來，阿華雖是沒有血緣關係的兒子，爸爸仍將他視如己出，直到過世前仍緊緊握著阿華的手。然而留下的遺囑，卻無法說服親生女兒，一狀告上法院……

「法官大人！您一定要幫我爸爸主持公道！」梨花帶淚指著被告席，一位中年女性在法庭向法官大聲哭訴：「我這個弟弟，其實根本是沒有血緣關係的外人！看我爸爸老了、病了，覬覦他的財產就藉故接近，最後竟然趁我爸爸頭腦不清楚時，強迫他寫了這份假遺囑！」

這位「外人」名叫阿華，在被告席傻了眼，這話怎麼敢這樣說？

三十年前阿華來到家裡後，雖然實際上沒有血緣關係，但爸爸還是將他視如己出。姊姊雖然在爸爸住院期間偶爾會來探視，但自從爸爸拒絕先分配遺產，兩人大吵一架後，就再也沒看過姊姊了。

回憶起做成遺囑的那天，是阿華第一次，也最後一次看到爸爸哭。

生命最後一夜，父子在病榻回憶從前

那天，吵架後都沒出現過的姊姊忽然拜訪，說是用自己的錢幫爸爸買了很多儲蓄保單要爸爸簽名。爸爸展露了生病後，阿華好久沒看到的笑容。沒想到夾雜在保單中，竟然藏有將房產過戶的文件。爸爸沒說什麼，默默的趁姊姊沒注意時把文件抽出藏在被子裡。姊姊很開心的就回去了，然後，就沒有然後了。

空蕩的病房從此只剩下阿華與爸爸，他搖搖頭，示意阿華什麼都不要說。爸爸捏著文件的手微微發抖，而字跡早已被滴落的淚水暈開。

當天半夜爸爸好像睡不著，把睡在一旁的阿華喚起，從他三十年前田野邊撿到阿華開始，兩人一邊笑、一邊哭的講起過去種種。從阿華小時候偷東西差點被爸爸打死，講到阿華其實很氣都要用姊姊剩下的東西，最後爸爸握著阿華的雙手，講了一個他幾乎都已經忘記的床邊故事。迷迷糊糊中，阿華頭靠著爸爸的大腿睡去。

清晨，阿華被護理人員急促的聲音叫醒。爸爸半躺著，一手摸著阿華的頭，再也沒有醒過來。醫生說，爸爸走得很急，也不知道為什麼病情會急轉直下。只是爸爸握著阿華的那隻手，就算已經彌留了，也緊緊的都沒有放開。

明眼人都清楚，但受限法律規定愛莫能助

病床的另一側，擺著一份爸爸的遺囑。他把自己的喪事交代完畢，親手寫下「遺產全部留給阿華」幾個大字。

接下來不用說，就是一連串鄉土劇情。淚灑病房的姊姊怪罪阿華都沒有用心照顧爸爸，還強迫爸爸把錢給他，一直以來的信任都白費了。出殯時姊姊哭得比誰都大聲，攔棺、磕頭樣樣都來，但轉過身就是叫阿華把爸爸的遺產交出來。「爸爸說要給我的，妳沒資格拿。」這輩子第一次忤逆姊姊，爸爸屍骨未寒就在講錢，阿華脾氣再好也動怒了。姊姊一氣之下就告上了法院。

回到法庭上，法官也是明眼人，知道誰才是真正對爸爸好的子女。只是他左看

右看爸爸的遺囑，怎麼看都不符合法律規定，就算要幫阿華，拗也沒得拗。嘆了口氣問雙方：「姑且不論遺囑有沒有效，這個分配方式確實也是爸爸的意思，兩邊沒有和解的可能嗎？」姊姊哭著回答：「法官！一個外人來侵吞我們最敬愛爸爸的遺產，我們怎麼能接受？這份遺囑分明就是被強迫的，我們不可能和解！」看來應該是諮詢過律師意見，姊姊也知道那份遺囑絕對不可能有效。

法官沒有理她，把姊姊請了出去，單獨跟阿華說：「這份遺囑是無效的，你也沒有經過爸爸收養，在法律上你們沒有親屬關係，要分到遺產是不可能的。真的沒有辦法和解嗎？」

不符合法律，就不用尊重爸爸的意思嗎？

阿華說：「我不懂法律，爸爸當然也不懂法律。我從小就把他當成爸爸看，他也把我當成自己的兒子……那份遺囑真的是爸爸寫的啊！為什麼不行？只要不符合法律，連爸爸的意思都不用尊重嗎？」他繼續說：「因為姊姊的關係，爸爸明明寫了要樹葬，結果還是入塔，為什麼都沒人願意去理會爸爸的意思？」「我跟爸爸真的是父子啊……」說到最後一句時，阿華掉下了眼淚。

他很無助，不知道為什麼自己跟著爸爸生活好幾十年，不要說情同父子了，兩人就是實實在在的父子。但最後竟然變成法律上的陌生人？而且爸爸已經說要把財產都留給他了，為什麼法官還是聽不懂？法官無語，看著我，希望我能說些什麼。

看著阿華的眼淚一顆一顆滑落，我真的很希望能像小說、電影裡的律師，神來一筆的把對方統統駁倒。但很不巧的這是現實，不會有汙點證人出現，也不會突然發現關鍵證物。陪著阿華走過被姊姊告侵占、偽造文書，統統讓他安全下莊，但遇到這個無效遺囑，我也只能舉雙手投降。

我很心疼他，也很氣「法律」這件事就是這麼困難。要是法律能更平易近人、法治教育能更普及，阿華就會知道要請法院做個簡單的收養認可，兩人在法律上就成為了毫無疑問的父子，但梗直的阿華，只能不斷的重複著「他真的是我爸爸啊……」這句話。

法官嘆了口氣，表示他不會這麼快宣判，希望兩邊能夠想一想爸爸的遺願，不要讓法律凌駕在爸爸的意思之上。姊姊哭著向法官點點頭，但出了法庭後卻嗤之以鼻：「你這個律師專接這種必輸的案件，笑死人！」她這樣說。

爸爸給的東西只有我有，誰也搶不走

遇到會輸的案件，我們的做法就是儘量和解，經過幾週不斷的周旋後，我很興奮的跟阿華報告：「雖然我們本來要輸了，但是經過不斷的協調，現在對方願意跟你均分遺產了！」當下我滿得意能取得這樣的結果，畢竟訴訟打下去，對方一毛都不用給。

阿華笑著感謝我的用心，但卻說：「不用了，爸爸給我的東西我已經拿到了，姊姊搶不走的。」

我啞然，他繼續說：「所有人都沒有見到爸爸最後一面，但在最後一晚，我看到了爸爸平和的樣子。他有說有笑的跟我憶當年，我們好像回到了從前。我想念的是爸爸，而不是爸爸的財產，爸爸用他最後剩餘的所有生命，讓我能完整的把他最好的樣子記憶下來，這個回憶只有我有，沒有人搶得走。」

「律師，你想聽爸爸最後跟我講的故事嗎？」不等我回答，阿華就開始說故事了：「那個故事是說，爸爸在路邊撿到一個發高燒的嬰兒，花光了當時所有積蓄，就只為了救他。那個小孩後來被取名阿華，爸爸當時心想一定要救回來，於是就把他送進了最貴的醫院，結果啊……」我靜靜的聽，因為那是一個關於父親與他最愛的孩子，專屬於阿華的故事。

「親情」這件事情究竟怎麼認定？我想，就算法律上不認可，阿華與爸爸之間的父子親情，遠超過了法律條文死板的認定。親情，絕對不是單用收養契約來證明的。

聽聽律師怎麼說

沒有收養，我能當你的繼承人嗎？

民國七十四年後，收養必須經過法院認可才會生效。反過來講，就算去戶政事務所做收養登記，在法院認可之前，雙方不會產生任何親屬關係，也當然不能繼承遺產。

雖然可以透過立遺囑的方式，將遺產分給沒有親屬關係的人，但遺囑訂立方式複雜，且多數法院認為只要違反任何一條規定，就會讓整份遺囑無效。因此在實務上就會出現許多明明遺囑的意思寫得很清楚，但在長輩過世後，晚輩仍然主張遺囑無效，在法院搶得你死我活的案件。

在個案故事中……

爸爸沒有帶阿華去法院辦收養認可，阿華就不是兒子，也不能繼承遺產。而他臨終前寫下的字條，也違反遺囑的格式而不生效力。雖然透過調解程序，幫阿華爭取到了他應有的那一份，但阿華最後才知道，爸爸所留下最珍貴的東西，早就已經留在他的記憶中。而那些財產，似乎都已經不重要了。

轉念跟自己和解

親情，絕對不是單用收養契約來證明的。阿華與爸爸之間的父子親情，早已遠遠超過法律條文的死板認定。阿華想念的是爸爸，而不是他的財產，沒有人見到爸爸的最後一面，但是爸爸卻在生命最後，讓他完整記憶父親最好的樣子，留給他這個唯一並且是最珍貴的回憶。

Chapter 3

扶養是法律義務，還是親情與孝順的真情流露？

面對母親罹癌後沉重的醫療負擔，阿鎬與阿偵兩兄弟對簿公堂。獨自承擔扶養母親支出的阿鎬心有不甘，但他提告後卻發現，自己願意用錢扶養母親在法律上叫做「孝順」，雖值得稱許，但因為母親仍擁有農地，沒有被扶養的資格，法律上並不能要求阿偵分擔……

「所以，法官你的意思是誰孝順誰倒楣？」阿鎬瞪大眼睛，不可置信的問。

「那個……話不是這樣說的啦……」法官一臉尷尬的望向身為阿鎬律師的我，希望能幫忙說點什麼，但其實我也對阿鎬講過一模一樣的話。

兩個月前，阿鎬在我的會議室裡，忿忿不平的拿著一份敗訴判決來諮詢。「這還有天理嗎？司法不公嘛！」阿鎬嘴裡碎唸著，我看完那份判決書，就知道為什麼他覺得司法不公。

阿鎬與阿偵這對兄弟從小沒有父親，母親再怎麼努力也只能拉拔他們到高中畢業，好在他們雖然讀書不行，但各自都在工作領域找到一片天。他們也知道，沒有母親就沒有現在的他們，因此成年後還是三天兩頭往家裡跑，只為了多陪陪母親。

後來，母親罹患嚴重的失智症，兩兄弟更加悉心照料。據阿鎬說，那時他們輪流把母親接到家裡照顧，母親雖然身體狀況一日不如一日，但他們至少每天都可以看到母親，還有彼此。

從此，扶養費永遠少了阿偵的那一份

但自從母親得了癌症後，事情就變了。不用到「久病床前無孝子」這個程度，光是前三次標靶藥物的費用，就讓阿鎬與阿偵大吃一驚。而聽完醫師說明後續化療與住院等費用，兩兄弟走出診療室時簡直愁雲慘霧。

面對沉重的醫療費負擔，阿偵想起母親還有幾筆農地，於是想出售那些農地來支付將來的醫療費用。不料卻被阿鎬一口拒絕，畢竟那不僅是母親的棺材本，更是她當年的嫁妝，母親連拉拔他們長大那段時間都捨不得賣掉了，又怎麼能在這時候要求母親賣出呢？

「好吧！至少我們還有工作，那就緊一點吧！」當時阿偵是這樣答應的。但從此母親的扶養費永遠都少了阿偵的那一份，舉凡當月手頭緊、老婆不答應，甚至是被詐騙這種理由都出現了，阿鎬無可奈何下只能獨力照顧母親。

只是從兩份變一份的扶養費，讓阿鎬的經濟漸漸出現狀況，雖然孑然一身花費較少，但阿鎬心中的怨懟也愈來愈多。幾年後，阿鎬終於受不了，登堂入室前往阿偵家索討扶養費，沒想到發生了肢體衝突，兩人從此再也不願意見到對方。

但母親的醫療支出總要解決，於是阿鎬便整理了過去幾年來為母親支出的醫療費用單據，自己提出了給付扶養費的訴訟。沒想到卻意外得到了敗訴判決，阿鎬完全無法接受，便來找我諮詢。

比較孝順的孩子就倒楣嗎？

「台灣的扶養費制度，很奇怪。」我告訴他，法律有一個非常「反人性」的設計，必須要長輩無力維持生活，才「有資格」被扶養。那份敗訴判決清楚的指出，因為母親名下還有農地，大可把農地賣了支付醫療費，因此不算無力維持生活。而阿鎬願意用自己的錢扶養母親叫做「孝順」，雖值得稱許，但因為母親沒有被扶養的資格，當然也不能要求阿偵分擔。

「什麼鬼？所以要等到我媽一點錢都沒有、流落街頭時才能跟我們拿錢？」阿鎬瞠目結舌的問我。「確實很怪，但法律上就是誰先看不下去、誰比較孝順，誰就倒楣。」我想了一下，決定用最直接的方法回答：「這個案件上訴機會不大，你真的要委託？」我再次確認了阿鎬的意願。「我不相信。」阿鎬回答。就是這句不相信，成了他委任我的關鍵。

回到法庭上，面對法官尷尬的眼神，我選擇視而不見，畢竟撇除複雜的法律論證後，結論上確實是在懲罰孝順的子女。「其實從過往來看，阿偵不是不願意扶養，不知道法官能不能再調解一次呢？」沒有在法律上對抗，我選擇了再一次的調解機會。

走出了法庭，阿鎬不解的問我：「調解？一審調解過就沒用啦？律師我怕你浪費時間啦！」我指著當時的調解簽到單，上面除了阿偵、阿鎬的簽名，還有好幾個名字也簽在一旁。「你要考慮到，阿偵也有自己的難處。」我沒有直接回答阿鎬的問題，只請他回去想想那些名字所代表的意義。告別阿鎬，回到辦公室後我起草了一份書狀，希望這次的調解能由法官在法庭親自主持，來避免「外力」干擾。而這個外力，就是當時隨著阿偵進入調解室的妻小。

時間很快的來到了調解當天。一聽到要調解，阿偵果然全家妻小都來了，但想隨同進入法庭的他們卻被擋了下來。法庭是有一定規矩的，除非雙方同意，否則非當事人的親屬不能進來，與當初的調解室有很大的不同。

用法律標準對待親人，真的是愛嗎？

「上訴人，你有沒有什麼想法？」入座後，法官第一句話就詢問一審敗訴的我們。「庭上，其實阿偵一開始是有付扶養費的，只可惜後續沒有負擔，不知道阿偵經濟狀況是不是面臨什麼變動？」我詢問阿偵。「小孩上學要錢、吃飯要錢、繳房貸要錢，媽媽明明自己有錢，為什麼不能先用？」阿偵沒好氣的說。

我轉頭看著沉默到現在的阿鎬，示意他該講話了。「自從媽媽生病後花很多錢，但我比較幸運，沒有老婆會跟我抱怨，我知道你不想付錢的理由……只是我真的不忍心看到媽努力守到現在的祖產，就這樣被賣掉。」阿鎬堅持的理由很簡單，如果能努力一點就不用賣掉嫁妝，那為什麼不試試看呢？

阿鎬講完後，我插話道：「法律上，你不用付扶養費。就像前一個法官說的，阿鎬的行為只是『孝順』，但當初媽媽養你們時，就算沒有法律規定，我想當時她也不會有一絲猶疑。」我指向法庭大門，「法庭外你有一個家庭，但現在法庭裡也有一個家，就是你與阿鎬和媽媽，你真的不願意努力看看嗎？」

順著我的手，阿偵轉頭看向法庭大門。那道門外是他現在的家，他必須為那個家負責，但回過頭，他以前的家卻在法庭內搖搖欲墜。「阿偵，不管法律怎麼說，媽真的需要我們兩個。」阿鎬做出結論。「需要跟家人討論嗎？」法官問。遲疑了幾秒，阿偵回答：「不用，因為他們都是我的家人。」拿起筆，他簽下和解筆錄。

出了法庭，家人走向阿偵，我豎起耳朵卻沒聽到任何責怪。也許當時在調解室時他的家人就支持他這麼做，只是對家庭的責任，讓他沒辦法做出這個選擇。阿鎬走近阿偵，這是兩人鬧翻後第一次好好說話。「多謝你……」令人驚訝的是，這對兄弟竟同時說出了一模一樣的話，兩人先是一愣，隨即便笑了出來。對長久照顧母親的感謝、對願意扛起第二個家庭的感謝，從兩個人的嘴裡同時說出來。

法律有很多瑕疵，更不近人情。在這個案件中，我看到了如果把孝順、親情都用法律來強制規定的下場，但也同時看到了當親情凌駕於法律之上，那難能可貴的一面。我們可以選擇用法律做為標準，來對待我們的親人，但那樣真的是愛嗎？抑或只是不得不履行的法律義務而已？看著阿偵與阿鎬相約去接母親的畫面，我想愛的標準到底是什麼，顯而易見。

聽聽律師怎麼說

法律規定，子女有義務扶養父母嗎？

許多人在請求兄弟姊妹分擔扶養費時，都會敗在「爸媽太過有錢」這一點。依據民法規定，只有在「不能維持生活」時，長輩才有請晚輩來扶養他的資格。

而所謂「不能維持生活」，講白了就是「幾乎要」流落街頭，連吃飯錢也沒有，但一般狀況怎麼可能讓父母淪落到這個地步？於是，就會變成了「沒有必要的扶養」。法官會在判決內欽佩你一番（真的不是在諷刺），但最後還是會判決，既然沒必要，就不能跟其他子女主張分擔。

隨著時代進步，法院要求長輩一窮二白才能接受扶養的觀念，其實也漸漸在改變。目前也開始有法院認為，就算長輩名下有一棟房子，只要是自住，在沒有其他財產的狀況下，還是可以請求扶養。

在個案故事中……

阿鎬與阿偵的母親，名下除了自住房地，還有其他農地，怎麼看都不是「不能維持生活」。在阿偵還有其他親屬要扶養的狀況下，阿鎬勝訴的機會實在渺茫，只能選擇和解。但我想，母親就算再苦，要扶養兩個兄弟時，也應該是沒有一絲猶豫的吧？

轉念跟自己和解

用法律標準來對待自己的親人，是愛嗎？抑或只是不得不履行的法律義務呢？法律有很多瑕疵甚至不近人情。阿鎬與阿偵兩兄弟最後在調解庭上破冰和解，彼此互道內心最真誠的感謝，他們因為珍惜家人的情誼而明白，無論孝順或親情，都無法用法律來強制規定。

Chapter 4

你口中的外人，卻是最後願意養你的人

俗話說：「人心本來就是偏的。」但父母能夠偏心到什麼程度？我分享自己經手的一位老父親扶養訴訟，意外看見在法庭上現形的人性，不禁深思「敬愛父母、回報養育之恩」究竟是法律義務，還是天性本能？

「原告大律師，你也都聽到了，你就勸勸你的當事人，不要這樣告嘛！」法官苦口婆心的勸道。我看向我的當事人，他的眼神十分徬徨。

時間回到一個月前。原告是一位年近八十歲的陳老先生，在兒子們的簇擁下來到了事務所。平常安靜的會議室，頓時顯得擁擠且吵雜。

「嫁了之後就不管爸爸」、「一毛扶養費都不願意出」、「爸爸根本被拋棄了」，左一句、右一句，現場的五個兒子輪流指責唯一沒到場的小女兒。大兒子神情激動的跟我說：「律師，小妹真的太過分了，你一定要幫爸爸討回公道！」據他所說，小女兒自從結婚後就不願意扶養爸爸，讓爸爸一個人靠著微薄的中低收補助過活，日子過得十分辛苦，有一餐沒一餐的。

能力愈大責任愈大？說得臉不紅氣不喘

「陳老先生，你現在有什麼收入呢？」照慣例，我先從爸爸的收入開始詢問。

「唉唷！律師你問這麼多幹嘛？反正就只有補助嘛！」還不等爸爸回答，大兒子主動插嘴，爸爸聽聞後就點點頭，認可了大兒子的說法。接下來，每當爸爸要開口時，大兒子都不斷的插嘴，看到有人幫他說話，爸爸就一個勁的點頭。

不斷要爸爸自己講的我，來回了幾次也有些惱怒，終於忍不住打斷了大兒子的「代言」。「我知道各位是出於關心，但依規定陳老先生要自己講。這是法律扶助案件，我是無償幫忙的，所以我希望陳老先生自己陳述，否則我可要退案了。」在如此的威脅下，大家才願意閉上嘴。

陳老先生因為身心障礙，早已沒有了工作能力，在太太往生後，只能依靠微薄的中低收補助生活。「那……陳老先生你現在住哪裡呢？」我這樣問。陳老先生正想回答時，大兒子又插嘴了：「他現在有時候還要跑來我家住，我爸不好意思回答，你就別逼他了。」我看著陳老先生，眼神確實透露著羞愧與遲疑，我問他：「這是真的嗎？」陳老先生點點頭，同意大兒子的說法。

「算我多嘴問一句，其實你們六個都有扶養爸爸的義務，就算小妹再不孝，爸爸的生活也不至於出問題。真的有必要走到訴訟嗎？」我對著在場的兒子問。畢竟，訴訟曠日費時、撕裂家庭，能的話還是不要對簿公堂。

陳老先生本來要說些什麼，但大兒子又搶先一步說話：「律師這你就不知道了，我們五個人日子都不好過，唯有小妹生活比較過得去。我們不是不願意負擔，是沒能力再負擔了！小妹能力好，應該要負比較多責任才對啊！」我心想：「好個能力愈大責任愈大！」

同住卻又接受扶養，究竟怎麼回事？

我再次確認陳老先生的意願，總共有六個兒女，陳老先生真的只告小女兒嗎？這麼重要的問題，大兒子當然要插嘴，但在他來得及吐出半個字前，我就將他趕出了會議室。陳老先生眼神閃過一絲無奈，點點頭說：「我只希望由小女兒來扶養我。」既然當事人都這樣說了，雖然很不合理，但我們也只能依照他所希望的去做，畢竟一切符合法律。

起訴與調解對方都未到，很快迎來第一次開庭，當天是我第一次見到小女兒。雖然年紀也不小了，卻仍端莊大方，一看到我與陳老先生走近，就主動靠過來打招呼。「律師您好，爸爸的事情就麻煩了，請您盡力協助他。」她向我問候，這段話有禮貌又客氣，但內容搞得我滿頭問號，這是一個被告該說的話嗎？

還不及回應，庭務員就點呼入庭了。在正式開始審理之前，法官先問小女兒：「今天爸爸告妳，希望妳每月支付扶養費。但法官想先問的是，為什麼妳調解時不願意來？」小女兒起先表情有些詫異，但過了幾秒，卻一臉了然於心的回應法官：「我沒有收到調解通知，可能是爸爸把它藏起來了。」法官翻開卷宗，確認通知書有寄到她家後接著問：「爸爸藏起來？怎麼藏？難道他跟妳住嗎？」

「對，平常是我在照顧爸爸的。」小女兒回答。法官一臉狐疑的看著陳老先生問：「你有跟你小女兒一起住嗎？」陳老先生聽聞後轉頭對著我低聲問：「我可以不要回答嗎？」法官將這些動作全都看在眼裡，大聲喝斥：「有就有，沒有就沒有，這種事情你問律師幹什麼？」陳老先生低著頭，一句話都不敢說。當下，我跟法官一樣詫異，如果陳老先生都已經跟小女兒住在一起，也正接受小女兒的扶養，那現在又在告什麼呢？這也跟當初「偶爾跑去大兒子家住」的說法完全相反，這家人明顯在隱瞞什麼。

真相大白！因為女兒嫁出去就是外人了

只是身為律師，我也只好壓下心中的疑問，插話說：「有關住所的部分，跟案件應該沒有太大相關，若庭上真的認為有必要，能否先休庭，我跟當事人討論一下呢？」法官允許，休庭半小時。到了庭外，其他兒子都來了，小女兒簡單致意後就往外面走，但她的哥哥們倒是一臉不屑，開始數落起小女兒，我打斷他們直接問了：「到底平常是誰在照顧爸爸的起居？」

他們面面相覷，沒有人願意回答，我繼續追問：「爸爸是不是都由小女兒照顧？」大兒子回答：「因為她的經濟狀況比較……」話還沒說完就被我打斷：「陳老先生，你平常到底住在哪？」陳老先生低著頭，小聲的吐出四個字：「小女兒家……」至此，印證了我開會時的不協調感，於是我便將陳老先生單獨帶進法庭內詳細詢問。這才知道陳老先生本來有房子，沒想到大兒子搬進來後卻鳩占鵲巢，將陳老先生的房子移轉到自己名下，最後陳老先生只能拜託小女兒收留他。

只是，大兒子沒有工作，有房子也沒用，陳老先生很想幫忙，但已經自身難保。沒想到某次去「大兒子家」作客時，大兒子聽聞陳老先生竟然沒有零用錢，也不顧自己根本沒有照顧，便自作主張的幫他找了法律扶助，要幫陳老先生「討回應有的權益」。至於怎麼討？當然是告平常照顧他的小女兒囉！

「你真的要告小女兒嗎？」我再次詢問。「律師，我真的不知道……」陳老先生回應，「我大兒子沒有工作，身為爸爸的我應該要養他，但我小女兒也沒有能力多給我錢了。」原來，當初開會時大兒子一直想幫陳老先生回答，正是因為他就是這場訴訟的既得利益者，陳老先生告贏的錢，最終都會流到他身上。而陳老先生眼中的羞愧與遲疑，並不是針對自己艱辛的處境，而是因為他告了唯一願意養他的小女兒。我問他：「你為什麼要這樣呢？」但此時我心裡已經有答案。

「他是我兒子啊！女兒嫁出去就是外人了。」陳老先生低聲回答。偏心，就是這場莫名訴訟的真相，也許不合理，但對陳老先生來說，能生出長孫的大兒子，才是他的孩子。「但，最後願意養你的可是這個外人……」這句話我沒說出口，嘆了一口氣，請求法官開庭繼續審理。

心疼老父親，只想成全不讓他為難

「大律師，怎麼樣？」法官第一句就是問我，但開口之前，小女兒就插話了，「法官，我知道哥哥不願意養爸爸，我也知道爸爸告我是為了大哥，我也不希望爸爸撤告，因為在法官給我們一個判決之前，爸爸永遠都夾在中間……我心疼他，法官判多少我都接受。」小女兒說。

眼前處境兩難，陳老先生一方面想照顧大兒子，另一方面又只能依靠小女兒，為了滿足他偏愛的兒子，只好依照他的指示提告。只是，這樣對獨力扶養陳老先生的小女兒，豈不是恩將仇報？

「原告大律師，你也都聽到了，你就勸勸你的當事人，不要這樣告嘛！」法官接著又問：「有沒有其他的解決方法？」我的腦袋瞬間閃過好幾個選項。要逼他撤告嗎？不行，這樣根本沒解決問題。要告到底嗎？也不行，小女兒以後又會告其他兒子，討回他們沒付的扶養費，簡直沒完沒了。一定要有一個判決，才會讓兒子們心服口服，但那個判決又必須公平，不產生其他訴訟，但現況又豈有公平可言？

想了幾秒，我做出了決定。把外面一臉疑惑的兒子們給請了進來，當法官告訴他們現在「所有人」要一起討論如何分攤陳老先生的扶養費後，大兒子對我破口大罵：「你這個律師，怎麼可以告自己的當事人？」「我的當事人從頭到尾都只有陳老先生，不是你們，我判斷這樣才能解決問題。」我聳聳肩，不在乎的說。當然，這個方式是經過陳老先生同意的，只是法庭內的所有人，都很有默契的不說出口。

偏心，不公平下的徬徨與無奈

在法官的協助下，這家人終於做出了扶養的協議，也許不盡理想，但至少是經過「官方認證」的協議，陳老先生也不用夾在大兒子與小女兒之間了。連手指都不一樣長了！偏心，是人類一定會有的行為，兒女之間不會有公平可言。在過程中，我看得出來陳老先生的徬徨，起訴狀的姓名是他簽的，但也許他沒有選擇。

看著小女兒眼中的憤恨與遺憾，她對哥哥們的憤恨其來有自，但那絲遺憾，也許是因為最敬愛的爸爸最終還是把她當成外人，不惜為了兒子提告她而來的。雖然沒有太多接觸，但願意照顧爸爸的是她、容忍爸爸提告的也是她，誰都能看出她敬愛陳老先生的心情，真切而不虛假。

看著兒子們簽下和解筆錄的那份不情願，不禁讓我思考：陳老先生盡心盡力對大兒子付出，但扶養責任終究還是由小女兒扛起絕大部分。那慈烏反哺，到底是對父母報恩的天性，抑或只是不得不遵守的法律義務呢？

聽聽律師怎麼說

扶養，一定只能付扶養費嗎？

《民法》有明確規定，扶養的方法不限於給生活費，舉凡讓長輩住家裡、輪流住、有錢出錢有力出力，甚至是去安養院，只要眾人（包含長輩）同意都是合法的，更都是法院允許的扶養方式。甚至有錢出錢、有力出力，也都是法院允許的扶養方式。

但要注意的是，我國法律有一個非常過時的規定，叫做「親屬會議」。扶養費案件中，如果你沒有開親屬會議就直接起訴，不管你講得多有道理，常常都會因此直接敗訴。但都已經撕破臉要走法院了，這個親屬會議常常都是人沒到而流會居多，反而變成是浪費時間的程序。但在修法之前、起訴索討扶養費之前，還是建議先寄發存證信函，召開親屬會議比較保險。

在個案故事中……

說到底，小女兒確實沒有支付給爸爸「扶養費」，而是讓他直接住家裡，並且支應生活。根據《民法》規定，這也是法院允許的扶養方式，不一定非要支付扶養費才算是盡到扶養義務。

轉念跟自己和解

人類一定會偏心，兒女之間不會有公平可言。小女兒不願意爸爸為難，也知道哥哥不願意養爸爸，更明白爸爸是為了哥哥而告她，所以她不希望爸爸撤告，心甘情願接受法官的判決。也許這一切已經無關法律義務，而是慈烏反哺報答父母恩的天性使然。

Chapter 5

我很感謝你，就算被騙也心甘情願

許多人得知年邁的父母被騙，都會忍不住覺得：「他是不是癡呆了？」那個曾經叱吒商場、養大自己的長輩，怎麼會上這種當？讓我來分享某次經手的傳統登門推銷詐騙訴訟。案中的老父親買下能放滿桌面的大量商品，不是因為業務員多厲害，而是他獲得了兒子給不了的陪伴。

「阿爸！你是不是腦袋糊塗了？怎麼買這種東西？」兒子傻眼的怒斥。看著放滿桌面的淨水器，陳爸低著頭，一句話都說不出來。要知道，我們用的可是十二人座的會議室，桌面之大。業務員很努力的想解釋：「我們的淨水器，是通過某某認證，有宇宙的能量，比較貴一點其實是很合理的……」但話才說到一半，就被兒子凶狠的眼神給打斷。

被時代所淘汰、現在已經不多見的登門推銷，陳爸竟誤入了這個陷阱。他購買的淨水器確實能用，但跟它遠超過行情近十倍的價格相比，再對照不到一天就壞掉的品質，還有那不知所云的宇宙能量，保留一點的說法是名不符實，但實際上來說，根本就是一種詐騙。「阿爸，你到底幹嘛買這些東西啦？」兒子很無奈的說。

我沒有被強迫，一切都是自願的

在引用各種法條、用盡了所有說服之能事後，業務員終於同意把這些淨水器給折價買回，算是解決了這個糾紛。業務員一臉不滿的離開了會議室，這筆買賣他可是虧了不少。「謝謝律師啊！我在國外工作沒辦法時時刻刻盯著阿爸，沒想到出這種亂子，還好有你協助。」兒子的眼中堆滿笑意，領著陳爸跟著我走出了會議室。

「律師，謝謝你。」吞吐了半天，陳爸簡單的道謝後，就跟著兒子離開了事務所。就在進電梯前，陳爸回頭看了我一眼，眼神透露著有些事情並沒有說出來的猶疑。但我無法多嘴，畢竟在當事人選擇不說的情況下，既然案件結束了，剩下的事情也不是一個外人能多管閒事的。

沒想到三個月後，同一對父子、同一牌淨水器，又出現在我的會議室。這次除了數量更多，陳爸甚至加入了淨水器的傳銷組織。「阿爸！你怎麼又來了？」進來後兒子抱怨，陳爸看著兒子依然不發一語。上一次是幾十萬，這次可是把棺材本都賠進去了，而且業務員也學聰明了，打死都不出面。看來要拿回老本，大概也只能透過訴訟處理了，兒子很快的決定要委託我處理。

「我覺得，我沒有被騙啊……」這是陳爸第一次開口，他拿著淨水器解釋說：「這些淨水器，都是我自己買的，沒有人強迫我。」兒子不可置信的提高音量：

「阿爸！你別鬧了！你看這些淨水器，什麼宇宙能量？這不是詐欺，什麼是詐欺？」在兒子的堅持下，陳爸終於還是同意對業務員提告詐欺，但他眼中的猶疑卻愈來愈深。我單刀直入的問：「陳爸，你兒子委託我要幫你告業務員詐欺，你同意嗎？」陳爸看著兒子，遲疑了一會，點點頭同意。

一疊契約讓人傻眼，究竟在隱瞞什麼？

提告、做筆錄、進入偵查，在不斷努力下，終於說服檢察官對那個逃跑的業務員發出拘票，而明天就要與被告開庭交鋒，我便約了當事人來事務所進行演練。在國外工作的兒子沒辦法一起來，陳爸只好自己前來赴約。

才剛坐定，我還沒開始讓陳爸練習應答，他就默默的從包包裡拿出一疊契約。不等我開口，他就像個做錯事的小孩一樣全部招認：「律師，前幾天業務員又來我家，我又跟他買了這些……」攤開來，全都是淨水器的契約，不但金額更高，而且還都付款了。不用細讀，我的心就涼了一半。

眼前的情況，對案件來說是很大的傷害。都已經提告了，還跟被告人買同款商品，不就等同自認了自己沒被騙嗎？但除了對案件的影響，我更想知道的是陳爸這樣做的理由。我看著陳爸的雙眼，沒有一絲被騙的懊惱，但眼神卻千絲萬縷，充滿著無奈。我心裡警鈴大作，陳爸其實知道業務員是騙子，但他在隱瞞什麼？

「陳爸，你一定清楚這些東西都是詐騙，你為什麼要買呢？」我問他。這個事業可以幫他賺錢、濾出來的水有宇宙能量可以長壽、想把淨水器分享給朋友，甚至連業務員看起來很誠懇這種爛理由都講出來了，我默默看著陳爸漫天胡扯，等他說完了，我只回了一句：「你說的話，我百分之百都會相信，這是律師的職責。但我希望你跟我說實話。」

我怎麼會不知道你在騙我？只是我好孤單

陳爸愣了一會，終於講出內心的真實想法。兒子真的很好，每個月都會給他生活費，讓陳爸在台灣衣食無缺。但陳媽走了之後，陪在他身邊的只剩家裡那條老狗，陳爸就這樣成了獨居老人。他不好意思打擾兒子，除了考量時差，兒子在國外的高壓生活也讓他無暇與父親來往，看著兩人的訊息只剩下每個月匯款生活費後的幾句寒暄，陳爸無所適從。

「我好孤單。」陳爸說。這時，業務員突然出現了，拙劣的業務技巧一下子就被當年叱吒商場的陳爸看透，他知道這個業務員不老實、賣的東西幾乎是詐騙，幾句話就把他趕走。但這個業務員鍥而不捨的每天來找陳爸，除了天南地北的聊，還超刻意的「不經意」提到他所賣的淨水器有多好，陳爸當時還暗笑業務員轉得超硬的話題。

言談中，他知道了業務員的家庭狀況，知道他有女兒要養，也知道他的業績差到不可思議。過了幾個月，陳爸發現，他竟然在期待業務員的來訪。「你知道嗎？他是唯一會花時間跟我講話的人。我當然知道他在騙我，但又怎麼樣？」陳爸無助的跟我說。真的也好，被騙也罷，當身邊能陪伴陳爸的人只剩下這個業務員時，陳爸就算被騙，也執意要留住他。

「這件事千萬不要讓我兒子知道，他現在的生活，是我用一輩子栽培的成果，要是打擾他，我這輩子的努力就白費了。」陳爸幾乎要跪下來拜託我，我點點頭，改變了我們的訴訟方向。

他要的比你給的還簡單，就只是陪伴而已

偵查庭中，業務員面紅耳赤的跟檢察官爭辯他的淨水器確實有宇宙能量，但只見檢察官不斷皺眉，以他的口才，只能說業績不好其來有自。檢察官打斷他，表示他聽夠了，想問問陳爸的意見。

陳爸遲疑了一下，不對著檢察官，反而轉頭對著業務員緩緩開口：「我知道你在騙我，我也知道你賣給我的淨水器都特別貴，但是我很感謝你。跟你相處的時間，我聊得很開心，我覺得沒那麼孤單了。我不知道你關心我是出於真心，還是只想賺我的錢？但就算是騙人的，我也願意被你騙。」陳爸的語氣平淡，沒有一絲責怪，是騙子也好，他要的只是一個能每天關心他，聊個幾句的對象。

本來一臉不服氣，準備好要吵架的業務員，聽完這番話便低下頭，一眼都不敢看陳爸，而他的臉，似乎比剛剛更紅了。我接著補充：「庭上，被告販賣商品的品質與他保證的內容相差這麼遠，很明顯就是詐欺，但告訴人都如此表示了，是不是能用其他方式來處理這個案件呢？」業務員不發一語，一退庭就匆匆離開了，留下面面相覷的我跟陳爸。我問陳爸，這樣真的好嗎？「年輕人，對我們老人來說，陪伴比什麼都還珍貴。」陳爸笑著回答我，便跟著離開了。

最後，檢察官做出了緩起訴，附帶條件是業務員必須每星期賠償陳爸五百元，但必須是「當面交付」。出於擔心，第一次還款時我還去了現場，但看到陳爸自掏腰包拿了一千元叫了一堆外送，請業務員拿回去給女兒吃時，我只是拍拍眼眶已經泛紅的業務員便轉身離開了。

我們在追求功成名就的同時，雖然充實了父母的物質生活，並且自認為這就是一種慈烏反哺，但是不是忽略了他們真正需要的是什麼。也許，相較於豐厚的孝親費，一段十分鐘的簡短通話，或是好好吃一頓飯，才是長輩心中所奢望的「無微不至」。

「他要的是陪伴，而不是六百塊，比你給的還簡單。」音響正好播放著周杰倫〈外婆〉這首歌，而這段歌詞讓我想起了許久沒聯絡的陳爸，不知道他現在還會不會孤單？

「賣爛東西」究竟算不算詐欺呢？

詐欺，可不是那麼容易成立的。最常見的就是交屋後馬上發現漏水，回頭一看明明屋況說明書上說沒有漏，或是借錢不還，催討幾次就馬上跑去警察局提告對方詐欺罪。

但這些類型案件，一千件中大概只有一件會成立，原因是詐欺罪要求，對方必須在交付金錢（也就是簽約）的時候就在騙你，才會有罪。所以你要是無法百分之百證明，賣家早就知道有漏水卻故意說沒有，或對方還不出錢只是因為後來經商失敗破產，依法都不起訴。

在個案故事中……

業務員賣瑕疵商品給陳爸，真的會構成詐欺嗎？說實在，連我都無法確定。檢察官認為，只是單純買賣糾紛的可能性也很高。只是他拙劣的演技引發檢察官不滿，讓檢察官願意幫著我們逼他和解，再加上陳爸願意原諒，這件事才能圓滿解決。

轉念跟自己和解

對你而言，怎樣的程度才稱得上「無微不至」？是豐厚的孝親費、好好講一通電話，或者坐下來一起專心吃頓飯？我們追求功成名就，希望揚眉吐氣、光耀門楣，讓父母有面子同時充實物質生活，卻往往忽略他們真正需要的是陪伴。哪怕只是短短十分鐘都好，至少他們感受到關心，感覺自己始終被在乎。

Chapter 6

擁有選擇權時，你願意選擇善良嗎？

卡車司機小張因為超速，讓四十歲的被害人從此成了植物人，包括醫藥費、精神損害、看護費，以及直到退休前的工資，加起來近五千萬元的賠償，小張看到都傻了。要脫產、要逃避，還是要擔起賠償？小張怎麼選擇？

「嘿啦！嘿啦！你不用擔心，公司一定會跟你站在同一陣線，一起賠償給對方的。」老闆信誓旦旦的保證，讓小張心裡踏實了許多，但怎麼也想不到的是，最後他連工資都沒拿到，更別說是跟著公司一起賠償了。

老實說，這起意外小張責無旁貸。身為按趟計酬的卡車司機，小張為了多賺那兩千元，在已經出勤整整一天後，還是接下了那趟回頭車。雖然很晚了，但小張倒是沒有打瞌睡，只是返家心切，車速愈開愈快。「我只超速了五公里左右！五公里！」他懊悔的說。

平心而論，從常理來看，就算少了那五公里的車速，意外還是會發生。但在法律上，身為超速方，對於被害人的傷勢就要負責。尤其被害人再也醒不過來，四十歲的他就這樣成了植物人。道歉，甚至哭著下跪，小張能做的都做了，但對家屬而言，又怎麼能輕易原諒小張駕車的輕率？包括醫藥費、精神損害、看護費，以及直到退休前的工資，加起來近五千萬元的賠償，小張看到都傻了。

這話說得無良又現實，我卻沒有理由責怪他

「當初直接把他撞死，是不是反而賠比較少……」這也是他走進會議室說出這句話時，我沒有責怪他的原因。這句話多麼無良，但也多麼現實。我沒有回答，反問他：「你願意談談看賠償嗎？」因為我清楚知道，若這是一件死亡車禍，賠償金額可能只有十分之一不到。但變成植物人的情況下，對方所提出的五千萬元，最後可能需要賠四千萬元。

「律師，我還有小孩要養耶？怎麼賠？」他慘澹的笑著，「我本來以為我有保險，結果根本沒有。這輩子賺得到五千萬元嗎？連我自己都很懷疑。」看著小張已經放棄的神情，我也懶得解釋了，帶著他來到了貨運公司。小張不知道的是，僱主在這種案件裡也脫不了責任，要與小張連帶賠償。就算僱主最後還是可以跟小張求償，但欠老闆錢，總比欠被害人錢要好。

「嘿啦！嘿啦！你不用擔心，公司一定會跟你站在同一陣線，一起想辦法解決問題的。」老闆客客氣氣的，一知道我們的來意就安排我們進辦公室談，看著外面

來往的貨車，顯然疫情讓這些物流業者發了一筆小財，也許小張有解套方式了。聽到至少能讓老闆先幫他代墊還給被害人的錢，小張鬆了一口氣，連忙表示要開卡車載我回事務所，但我可敬謝不敏。

只是，來到法庭上時，卻不見老闆的蹤影。「被告某某貨運公司沒有來，原告有什麼意見？」法官詢問。沒想到，原告律師氣急敗壞的表示，貨運公司早已倒閉，雖然做了假扣押，也扣不到任何財產。我與小張面面相覷，我們那天難道是看到鬼了？庭後我連忙帶小張離開，想避開激動的家屬，但還是在法院門口被堵。

脫產嗎？還是願意承擔一些責任？

「好啊！很厲害嘛！脫產是律師你建議的吧？欺負我們這種可憐人，到底有沒有天良？」罵完我之後，家屬又接著惡狠狠的看著小張，卻激動到一句話都說不出口。「你會有報應的！」留下了這句話，對方便離開了法院。這時，原告律師苦笑著走了過來說：「大律師，我知道小張沒錢，但公司倒閉的話，真的要請你們高抬貴手，能賠多少是多少了。」他的語氣相當無奈，簡短談話後便離開了。

「簡律師，為什麼對方律師是這種態度啊？」本來預期會被大罵的小張不解的問我。這問題的答案很無良，想了一下，我還是決定相信小張的善良，老實的回答他：「小張，這個案件你是賠定了，但是如果你名下沒有錢，那麼就算法官判賠也沒意義。」不過，現在的問題應該不在如何賠償，突如其來的公司倒閉消息，我跟小張還是摸不著頭緒，便決定隔天前往公司了解狀況。

「喔……剛好遇到疫情經營不善就倒閉了，現在我只是員工啦……欸！那個誰誰，你小心一點！砸了要你賠！」隔天，這位「前老闆」連編個像樣的理由都懶了，回過頭又開始對一旁的員工頤指氣使。他不是老闆，誰是老闆？走出大門，才發現上次誰都沒注意到，一旁的招牌悄悄改了一個字。法律上，就算看起來是同一間公司，但對「重生後」的公司不僅極難求償，更不是身為被告的我們能追究的。

「你怎麼看？願意承擔一些責任嗎？」前往捷運站的途中，我一邊問他，並祈禱他不要說出那個我不想聽到的答案。「律師……你上次回答我，說我名下只要沒有財產，他也不能拿我怎麼樣對吧？」小張再傻，無論是脫產的老闆，還是我的那番話，都已經讓他了解到法律的極限，而他果然選擇了逃避。可能是我的失望溢於言表，小張看我沒有馬上回答，悻悻然的補充「只是問問」後，便向我告別。

有沒有辦法，讓兩邊都不受到傷害？

其實，小張無論賠或不賠都不關我的事情，律師的責任是訴訟，至於訴訟結束後，小張實際上有沒有錢給對方執行，不是更不該由我管。但隨著時間經過，小張從一開始的真心道歉到後來的逃避，都讓我看在眼裡。而我更擔心的是，小張這一次的逃避，下場就是需要一輩子逃避。苦苦思索了一段時間，到底有沒有能讓兩邊都不要受到傷害的方法？

幾天後，我按下了對方律師事務所的門鈴。又過了幾天，來到了最後一次的庭期。小張看著對方家人經過，羞愧的低下了頭。「不用這樣，只要你願意負起責任，沒什麼丟臉的。」我故意這樣說，同時觀察小張的反應，但從他的一言不發，我已經看出他下定決心脫產，逃避到底了。

「還有要聲請調查什麼證據？沒有的話我這個案件要結了。」法官在辯論的結尾，詢問原告。「聲請傳喚被害人的子女到庭作證。」原告律師立刻回答。「你們要證明什麼？我實在看不出來。」法官皺著眉，明顯不想傳，因為法律上要傳證人，必須先說明要證明什麼事，否則就是在浪費司法資源。「這……」原告律師竟一時語塞，這個證人是雙方說好的，他本以為只要我沒反對法官就不會有意見，沒想到法官竟來個回馬槍。

為什麼要逃避？換做是我，還有選擇嗎？

「庭上，當事人只是要一個說出口的機會，應該不至於浪費資源，畢竟證人好像沒有要拿證人旅費？」我向法官插話，瞟了一眼原告律師，他猛點頭。「況且，誰知道證人出現後，會不會對案情有影響，『或改變雙方和解意願呢』？」我強調了最後幾個字。「既然如此，就再努力一次看看吧！」法官聽懂了我們的做法，便同意了證人的傳訊。

站上證人台的，是個僅有高中年紀的女孩。「你們家，還有人可以照顧妳嗎？」我問。「有，我媽媽還在上班。」女孩答。「所以失去爸爸的收入，目前還支應得住？」我進一步追問。「目前可以。」沒有隱瞞、裝可憐，女孩老實的回答。「有沒有想過，放棄這個案件呢？」鋪陳了一陣子，我問了真正要問的問題。

女孩似乎陷入了兩難，看了看對方律師，似乎不知道該不該講，而在律師給了她一個肯定的眼神後，她便像是吃了定心丸似的開始陳述：「我每天都想過放棄，每次去計算爸爸將來的花費有多少，我都覺得很害怕。可以的話，我也想跟小張的老闆一樣逃避，但我有選擇嗎？我們如果不告這個，以後經濟出狀況怎麼辦？」

「簡律師，你的問題真的很奇怪。你怎麼會問我，我有決定權嗎？為什麼不問你身邊那位，他為什麼要選擇逃避呢？」眼前被害人的女兒，沒有難過，也沒有憤怒，她只平鋪直述，「你們真的以為，我們喜歡每天上法院，沒日沒夜的去計算以後的花費啊？」憤怒也沒用，因為現在只有小張，才有選擇的權利。小張的選擇，對兩個家庭的未來，牽一髮而動全身。

幸運的是你有選擇權，你願意選擇善良嗎？

「我沒有其他問題了。」我告訴法官。「那……要休息一下嗎？」法官看著在一旁聽完全程的小張，提出了這個建議。走出庭外，我告訴小張：「我已經跟對方談過，對方只要八百萬元，而且可以讓你分期。」小張驚訝的抬起頭，但立刻又搖搖頭嘆氣說：「八百萬元，我家可以吃多久啊……」

「現在，你可以選擇讓法官判四千萬元，但你只要保持名下沒有財產，對方就一輩子拿不到錢。或者，我們跟對方用八百萬元和解，但你要乖乖付完。」我對小張說：「我知道前者比較輕鬆，但你要知道，只有你有權利選擇。你的決定將影響對方的一輩子。」

「選擇嗎……」小張喃喃自語，我也沒有催促，一起走到了法院外頭，他點起了一根菸。「我只要和解，就會被原諒了嗎？」盯著雲霧中的那個紅點，小張低著頭詢問。「我不知道，這就是對方的選擇了。」想了一下，我這樣回答小張。

當天，小張沒有跟著我離開法院，而是跟著家屬去探望被害人。「謝謝你。」這是我第一次同時收到訴訟雙方的道謝。簽下那張和解書，小張雖然因此承擔了重責大任，但他的眼神彷彿如釋重負。

不管是訴訟，還是生命，都是一個又一個的選擇。幸運的話，你是屬於有選擇權的那一方。但當你有選擇權時，你願意選擇善良嗎？我們只能給當事人選擇的權利，當他們做出選擇，我們就必須使命必達。有時，你會像貨運公司的老闆一樣選擇逃避，但時至今日我還是會期待，能在當事人做出的選擇中發現一絲「善良」的存在。

聽聽律師怎麼說

只要脫產，就可以不用付錢了嗎？

很遺憾，這個答案是肯定的。當你打贏訴訟時，其實只會拿到一張「法院同意你跟對方拿錢」的判決書，你還需要再去一次法院，請求執行對方的財產，才能真正拿到錢。

一般來說，最常見的方式就是從銀行帳戶拿、扣薪、賣房子與賣股票等。但如果對方一窮二白，從事的又是領現金的工作，而你又不知道他的錢存在哪家銀行（法院可不會幫你查），你的勝訴判決就等同白紙。雖然說，理論上只要對方一有財產，不管過多久都可以直接拍賣，但實際上誰有心力三天兩頭去國稅局查對方的財產呢？再者，我們又不能強迫對方工作，也因此很多人在好不容易勝訴後，依然沒辦法獲賠。

在個案故事中……

小張本來想藉由脫產逃避責任，最後還是選擇了承擔責任。雖然如此，但如果他中途突然想逃避，只要一脫產，被害人也求償無門。為了防止這種事發生，建議在訴訟開始前就聲請假扣押，在對方反應過來前，就將他名下的帳戶、房子查封，來防止對方脫產，才能確保自己勝訴後真的拿得到錢。

轉念跟自己和解

人生是一連串的選擇，當你有選擇權時，你願意選擇善良嗎？也許你會像貨運公司老闆選擇逃避，也許你會像小張一肩扛起責任，無論你的選擇是什麼，都是體現良善與否的最真實表現。

過程

寬恕放下，鬆綁內心糾結

Chapter 7

因為我愛你，所以選擇放手離開你

輕撫著女兒棠棠的睡臉，小安做了這輩子最艱難的決定……

小安是家庭暴力者，她因為對先生的家暴案件，導致棠棠監護權的歸屬得對簿公堂。我想起一則故事：有兩位母親在所羅門王面前爭孩子，最後真正的母親為了保護孩子不受痛苦而選擇放手。究竟，小安做了什麼選擇？

「我的責任不是幫妳做理性的決定，而是給妳理性的建議。」看著在法院座位區睡著的棠棠，我告訴小安：「如果妳決定要這麼做，我一定會幫妳。但妳真的要想清楚怎樣對棠棠比較好。」小安輕撫著女兒棠棠的睡臉，我想這會是她這輩子做過最艱難的決定。

小安，是家庭暴力者。當初，丈夫沒有嫌棄她的殘疾，堅持與她共結連理，小安只希望一輩子能跟這個愛她的男人在一起。但當出軌丈夫向她攤牌的那一刻，她沒辦法控制自己，心裡只剩下傷害對方的念頭。丈夫沒有閃躲，但無論再怎麼哀求、再怎麼道歉，小安依然沒有停止毆打與牙咬，她只想讓這個男人也嚐嚐這種撕心裂肺的痛。她聽不到丈夫希望她停手的嘶吼，直到棠棠的哭聲從房間裡傳出來，她才察覺被憤怒沖昏頭的自己竟然已經成了家暴犯。

沒有證據，法官不可能認定家暴行為屬實

自知理虧的丈夫沒有採取任何法律行動，但對於出軌的怨懟，導致小安開始對

丈夫以極盡惡毒的言語來羞辱，而且只要稍有不順心，拳打腳踢也是常態，但當她發現自己鑄下大錯時，又會哭著跟丈夫道歉。這段婚姻，就在家暴與出軌的摧殘下，走到了盡頭。

知道小安的身體根本不能工作，丈夫便將房子留給母女，自己搬家離開。只是對於棠棠，小安跟丈夫都沒有退讓的意思，於是兩人分居後，棠棠監護權的歸屬便成了這場訴訟的主因。

透過法扶的轉介，小安推著輪椅來到了我的會議室。「律師，離婚、扶養費怎麼樣都好，我一定不能失去棠棠的監護權。」小安急切的跟我說，因為對她而言，失去棠棠就好像人生沒了意義。其實，家暴防治法已經清楚規定，如果發生家暴，原則上就爭取不到監護權，但是……

「對方有驗傷嗎？」「妳有用訊息道歉過嗎？」「打破的物品還留著嗎？」面對我連珠炮似的提問，在小安統統確定沒有之後，我就已經知道了這個家暴案件並沒有留下任何證據。在講求證據的法庭，法官不可能會認定小安的家暴行為屬實。

法律不允許暴力，家暴很可能失去監護權

但是，不成立家暴，就代表沒有發生家暴嗎？小安沒有對棠棠家暴，但又怎麼能確定當老公離開，暴力沒了出口之後，她不會轉向身邊的人？

「是他先出軌的，我也不想要這樣做啊！」我還沒開口，小安急忙著辯解。

「無論什麼原因，暴力在法律上都是不被允許的。」我一句話就堵住了小安的嘴。

「妳要知道，一旦發生家庭暴力，就很有可能失去棠棠的監護權。」不帶任何修飾，我把話說得很清楚。

看她難過得說不出話來，我只好繼續說了：「不過這個案件，因為沒有留下任何的家暴證據，法官也許不會採信對方的說法。」小安彷彿燃起一絲希望，殷切的看著我。「只要持續照顧棠棠，其實妳還是有機會爭取到監護權。」我向她解釋，

「只是，這樣對棠棠真的好嗎？」我問小安。

「律師，你在說什麼？棠棠當然跟著我比較好啊！」她想也不想的回答我，

「我知道對方是個好爸爸，就算外遇也不會改變這個事實，但棠棠真的離不開我！」我看著小安的資料，她的身體無法工作，也沒有親屬可以幫忙照顧，我實在不知道她要怎麼照顧小孩。但在她的堅持下，我們還是決定要爭取棠棠的監護權。

妳沒有照顧能力，確定這樣做對孩子好嗎？

幾經調解，很快的法院開了第一次庭。「大律師，原告主張你們有家暴行為，你們的意見是？」果然，在家事案件中法官最重視的就是家暴，一開口就是問這個。「法官，原告雖然這樣主張，但始終沒有舉出任何證據證明有家暴存在。」既然沒有證據，我也反駁得臉不紅氣不喘。

法官翻開社工訪視報告，轉過頭向丈夫說：「其實社工報告也寫得很清楚，棠棠非常依賴母親，也看不出有任何暴力跡象。我知道兩位都很積極要爭取小孩，但我不會接受這種為了搶小孩胡亂編出來的主張。」丈夫漲紅臉想解釋，卻被法官制止，「可能有，可能沒有，我不知道，但法律上就是你要舉證。」最後，法官警告不要再有這種「空口說白話」的主張後，便結束了開庭。

「律師，我們要贏了嗎？」雖然小安不懂法律，但看到法官的態度，大概也能略知一二。我沒有立刻回答，推著她到一旁的座位區。「照這樣的走向，我們有機會爭取到監護權……只是，這樣真的好嗎？」我再次提出這個疑問。

經濟能力確實不是一切，但看著因為沒有錢僱用保母，連開庭都要一起來的棠棠，在扶養費杯水車薪的狀況下，無法工作的小安只能坐吃山空。我知道這對母女互相需要，但無論從何種角度，欠缺照顧能力的小安，會帶給棠棠什麼樣的影響，我真的不敢想像。

「我可以去工作啊！」小安聽出我話裡的意思，不服氣的反駁我。「那棠棠誰來照顧？」父母早已去世的小安，面對我這個問題，一時之間答不上來，因為她知道就算自己勉強工作，也沒辦法負擔保母的費用。

還記得，孩子目睹家庭暴力時的神情嗎？

「我相信妳很愛棠棠，棠棠也非常需要妳。」我拿出了社工報告，指著上面的一段，要小安細讀。「案主（棠棠）對母親依賴性極高，雖然經濟狀況較不佳，案主依然希望由母親照顧。」小安照著唸完，疑惑的問我：「這樣不是很好嗎？社工也認同棠棠愛我。」

我搖搖頭跟她說：「妳還記得，棠棠目睹家庭暴力時的神情嗎？」小安沉默不語，每次都是看到棠棠的神情才恢復理智的她，怎麼會忘記那充滿恐懼的眼神？

「妳是她的媽媽，不管妳是貧是富，甚至曾經家暴，棠棠都會愛著妳，因為妳是她的依靠。這就是為什麼棠棠身為目睹兒，還是選擇依賴妳這個家暴者。」我告訴她，「只是妳也說過，對方是個好爸爸，而妳應該也知道，讓棠棠跟著對方，她會過得更好。」小安沒辦法反駁，因為從開始訴訟到現在已經過了半年，丈夫若將房屋收回，之後要怎麼跟棠棠一起活下去，小安到現在還是沒辦法給我一個肯定的答案。

是妳離不開孩子，還是孩子離不開妳？

「是棠棠離不開妳，還是妳離不開棠棠？」從第一次見面就盤踞在我心中的問題，終於還是問了出口。

身為律師，我的責任不是幫當事人做理性的決定，而是給予理性的建議。但看著只能依賴最親近的人、沒有任何選擇的棠棠，我想，我還是必須稍微踰矩。「但不管妳怎麼決定，我都會幫妳。我會幫妳贏下訴訟，但是妳真的要想清楚，怎樣對棠棠比較好。」

我隨著小安的目光望向棠棠的睡臉，不禁想起棠棠目睹家暴時的表情，對比她現在的安詳，社工報告中的那句「依賴性極高」，彷彿成了悲哀的諷刺。離開法院前，我回頭看了她們一眼。小安輕撫著棠棠的睡臉，在熙攘的法院裡，她卻睡得多麼安心，沒有人吵得醒這個在媽媽身旁熟睡的小女孩。

放手，是她身為人母對孩子所做的最好決定

過了幾天，小安傳了一封很長的訊息給我。裡面寫著她對棠棠有多麼的不捨，但又同時對自己的自私感到很羞愧，她依然相信棠棠真的需要她，但她也清楚，自己沒辦法給棠棠成長所需要的資源。她擔心棠棠因此走上歪路，更擔心曾經沒辦法控制脾氣的自己，總有一天會發生家庭暴力，讓棠棠以後也跟著變成家暴者。

「我愛她，但是我沒有能力照顧她，所以我選擇把她交給對方。」透過文字我看不到小安的表情，但卻能深切感受到她那不捨又覺悟的感受。這場訴訟，就在小安願意出讓監護權的狀況下，沒有再進入法院就畫上句點。

曾經有兩位母親，在所羅門王面前爭孩子，最後真正的母親為了保護孩子不受痛苦而選擇了放手。你說，放手的那位母親難道不愛自己的孩子嗎？

愛，本身就包含了獨占。但我始終相信，真正的愛所顯露出的無私，是遠遠凌駕於獨占之上的。有時候，放手並不是冷漠，而是愛的表現。許多

律師告訴我，家事案件沒有百分之百的正解，但看著小安從因愛不放手，到因愛而放手的變化，我好像依稀能感受到，無私的愛，似乎能做為家事案件的正確答案。

聽聽律師怎麼說

家暴者不能擔任監護人嗎？

「目睹兒」是指沒有受到家庭暴力，卻目擊到家庭暴力的兒童，這會造成兒童心理重大的壓力。當家暴者兼具監護人身分時，與兒童之間都會有緊密的情感連結，兒童往往會選擇繼續與家暴者和睦相處，甚至造成家暴者產生「我又不是家暴我的小孩，看起來也沒有影響，我憑什麼不能當監護人」的誤會。

也因此《家庭暴力防治法》第四十三條規定，不管兒童與家暴者的相處狀況如何，法院都一定要先「當成」家暴者不適合照顧小孩，只有在家暴者能提出證據，說服法院自己有照顧能力時，才能將監護權判給他。

在個案故事中……

小安雖可藉由證據上的漏洞脫免家暴者的責任，實際上卻沒有能力照顧棠棠。在大部分法院都還是將監護權判給女性的情況下，小安能考量到棠棠的未來，放下對丈夫的成見，進而做出痛苦的選擇，確實難能可貴。

轉念跟自己和解

真正的愛所顯露出的無私，是遠遠凌駕於獨占之上的。有時候放手不是冷漠，而是愛的表現。家事案件沒有百分之百的正解，也許無私的愛始終才是正確答案。

Chapter 8

家是責任的無底洞，還是永遠的避風港？

大約四個月前，我接到一通來自法扶的電話，到了警局才發現這次的當事人是一名才國中的少年，而且他渾身是血。當少年的母親來到警局，面對滿身是血的孩子竟然一句話也不問，轉頭就要離開警局。

「你要負責？你是能負什麼責？」非常難得的，這次在法庭內拉高音量斥責的人竟然是法官，但阿元聳聳肩，表示自己從一開始就願意負責，是對方不知好歹。「大律師，你有什麼意見？」法官無奈的轉過頭來詢問身為輔佐人的我，我看向一旁阿元母親的位置空空如也，頓時語塞。

大約四個月前，我接到一通來自法扶的電話，那時凌晨三點，有人被逮捕了。我迷糊的爬了起來，只抄了警局地址就匆忙出發，到了警局才發現這次的當事人是一名才國中的少年，而且他渾身是血。

我心一驚，該不會警察打人？低頭檢查了他的身體外觀，「好險」少年身上的血跡都不是自己的，但其實也沒好到哪去。「你叫什麼名字？發生什麼事了？」我拉張椅子過來詢問少年，他看了我一眼回答：「我叫阿元，可以幫我拿回手機嗎？」說完後便拒絕溝通。

已經不是小孩了，自己做的事自己負責

無奈之下，我只好轉頭問員警到底發生什麼事情了。原來，是阿元剛剛在河堤突然拿著一把刀襲擊了一對夫婦，至於為什麼要砍殺路人？理由仍然不明，因為阿元一個字都不願意說。

「大律師，我們已經聯絡家屬了，但他不講話我要怎麼做筆錄？你能不能幫我勸勸看？」警察很無奈的跟我說。我無語，警察都勸不動了，我又有什麼辦法？我還在想要怎麼逼問他時，警局門口突然一陣騷動，原來是被害人看到阿元的母親抵達，激動的差點就要發生衝突。母親不理會被害人，走到阿元身邊冷冷的詢問：「現在又是怎麼回事？」阿元頭也不抬的回應：「沒事。」

「沒事？律師，那接下來就麻煩你了。」母親說完，面對滿身是血的阿元竟然一句話也不問，轉頭就要離開警局。我驚訝的攔下她，「有什麼事嗎？」母親不耐煩的問我，面對眼前不合常理的冷漠，我竟只能說出「妳不等阿元嗎？」這種無關痛癢的話。「阿元已經不是小孩了，他自己做的事情要自己負責。」母親冷淡的回

答，便離開了警察局。沒有留住母親的任何理由，我也只能任由她離去。

隨機傷人的理由，完全無法讓人理解

「你媽是怎樣……」我忍不住詢問，只是阿元依然不解釋，但筆錄總是得做，我只好跟阿元開始談條件。「如果你願意跟我講，我就幫你跟警察要手機，這樣可以嗎？」我丟出了一個誘因，果然在手機的誘惑下阿元答應了。

原來，阿元昨晚玩手遊時不但一敗塗地，而且還跟隊友吵了起來，並相約要在河堤外「輸贏」。於是阿元便帶著刀械前往河堤赴約，沒想到對方卻沒有出現，他只好悻悻然的回家。但傢伙都已經準備好了，怎麼能不用呢？於是，他隨便找了一對在河堤散步的夫婦開刀。不幸中的大幸是，阿元力氣不大，雖然造成大片傷口，但刀最後卡在妻子的骨頭上，而他也被丈夫制伏扭送警局。

其實，我完全沒辦法理解什麼叫做「傢伙都帶出來了怎麼能不用」這個思路，簡直匪夷所思。只是身為阿元的律師，我只能盡自己的職責協助他完成筆錄，並且讓他回家。但他母親離去時那冷漠的神情，在我離開警局時依然歷歷在目。

過了幾週後，我接到了少年法院的電話，表示對方有和解意願。因此，我便請阿元把母親帶來事務所討論，希望可以協助賠償對方的相關事宜，畢竟在法律上，身為監護人的母親難辭其咎。然而，兩天後出現在我會議室的，卻只有阿元孤零零的一個人。「我媽在忙，我一個人也可以處理。」阿元拿出手機，網銀裡確實有一小筆錢可以拿來賠，至此我已經確信阿元的家庭，一定有什麼功能沒有正常運作。

情緒控管障礙導致衝突

阿元倒是好溝通，撇開態度不說，對於該賠的他都願意賠。離開前，雖然他百般不願意，但在各種威脅利誘下，我還是順利讓阿元交出了母親的電話號碼。

「律師，我之前就說過了，阿元闖的禍得自己負責。你要幫他可以，但請你不要再打來了。」說完這段話，電話就被切斷了。我有些莫名的再打回去，但電話再也無法接通。在沒有辦法跟母親取得聯絡的狀況下，便迎來了第一次的開庭。在庭外，阿元神神祕祕的跟我說他已經都準備好了，等等看他表演就好。

等待雙方坐定位，阿元就拿出兩疊鈔票放在桌上說是自己的誠意。他願意拿錢出來賠償的想法固然值得稱許，但這對於妻子剛出院的丈夫來說，直接談錢，再加上那副施捨的態度，無疑是一種輕蔑。果不其然，丈夫直接拍桌拒絕，眼看著阿元的表情從驚嚇、錯愕，再到憤怒，我還來不及阻止，阿元就開始語帶威脅的說要把丈夫給送進醫院陪太太，本想出言阻止的我，卻只得到一句：「律師你也想變成被害人嗎？」的威脅。

我有些錯愕，但不是因為被威脅，而是阿元的情緒變化速度十分不正常。至此我才知道，當時在警局、會議室看似正常的阿元，會做出攻擊路人這種出格事情的原因，正是他的情緒控管有障礙。一旁的我不好插嘴，只能眼睜睜的看著這場調解破局，在丈夫憤怒離開了調解室後，我開口問阿元：「接下來怎麼辦？」「你不是律師嗎？我怎麼知道嘛？」冷靜後，阿元沒好氣的說。

不是每個人都能選擇家人

回去的路上，大概是因為剛剛對我大吼感覺不太好意思，所以阿元有問必答。我這才知道原來他已經不是第一次出入警局，而之前的案件也大都是因為失控的情緒所造成。

「律師辛苦了，感謝你的幫忙，早點回家休息。」藉著報告開庭狀況，我打電話給阿元的母親，如意料中的，她說完第一句話就想掛斷電話，但我怎麼可能放過這個好機會？我繼續問：「阿元媽，借一步說話好嗎？」聽到這句話，她勉為其難的拿回話筒。進一步了解後我知道，阿元家地段尚可，該有的家具也都有，甚至也有不少娛樂用品，顯示他的家境不差。

「這次的案件，要怎麼處理？」我開口詢問母親：「這案件並不困難，其實只要有適當賠償並表達歉意，我想可以完全沒事。」同時也提出了我認為可行的方案。「律師，我說過了，阿元闖的禍自己處理，我不會幫他。」阿元的母親依然堅持。「法律上父母也有責任，能不能看在這點的份上協助一下？」對於母親的袖手旁觀，我漸漸有些不滿。

「律師，你盡力幫阿元就是，為什麼要管到我家？」阿元的母親語氣十分不耐。「那之前幾次都是怎麼解決的？」我直截了當的問。沉默了幾秒，阿元的母親再次回話時，已經帶著滿腔的憤怒。「所以你也知道不是第一次了？那你還問那麼多幹嘛？」阿元的母親聲調並不大聲，但卻咬牙切齒，「你以為我願意讓阿元這樣？我已經幫他擦夠多屁股了，你知道為了他一個人，我們家失去多少？他永遠都在犯錯，爸爸帶著其他小孩離開的原因，你現在知道了嗎？」她激動的說。

「不是每個人都能選擇家人。」阿元的母親留下這句話之後，便掛上了電話。我也默默收起了手機。

你是能負什麼責？

少年法庭很快的通知了我們開庭。被害人的丈夫憤恨的陳述這段時間他如何陪伴妻子經歷復健的傷痛，法官深表同情，但阿元卻十分不解。「法官，我就說我願意負責啊！你還要我怎樣？」已經回答數十次願意負責的阿元，語氣十分不耐。「你要負責？你是能負什麼責？」法官高聲斥責，但阿元依然故我。「你媽為什麼沒來？」法官問，但卻得不到任何回應，只能轉而詢問我的意見。

老實說，看到空空如也的輔佐人席，我想母親的意思已經表達得很清楚了，而法官也沒有要再傳母親的意思，我只能盡我律師職責的本分。

「依法來說，這個案件不能用刑法處置。但以我對這個案件的理解，我覺得自己力有未逮。」聽到我自認沒辦法幫忙，法官十分詫異。我繼續說：「阿元沒看過醫生，但是他的情緒明顯過度衝動，一再與他人發生衝突。這導致他們家已經為阿元支付了上百萬元的和解金。現在，他家人的態度就是放棄了這個孩子。」

我轉頭對丈夫說：「我知道你太太受到很多傷害，法律上也可以向阿元的母親求償，但我可以很老實的跟你說，你能追究的頂多就是醫藥費而已，因為少事法的關係，阿元不會被判刑。」聽到我這樣說，丈夫轉頭看向法官，但法官也只能無奈的向他點點頭。

「我的立場你無法信賴，但如果我是你的律師，我會勸你放棄追究，因為與其花時間追究那些不一定拿得到的少少賠償，還不如和解，將時間用於照顧太太。」我做出了結論。丈夫盯著我，再看看法官，最後惡狠狠的瞪向了阿元。他漲紅著臉嘆了一口氣，決定不再追究。

看不見盡頭的責任，只能選擇妥協

在被害人不願追究的情況下，阿元這次順利開脫。走到法院大門口，阿元如釋重負的跟我說：「律師，感謝你啊！那時候對你大小聲，我們說話就是這樣啦！別介意。」語畢，便離開了。我看著他愈走愈遠。阿元這次逃得過，下次呢？

許多社會觀察家將孩子的不是歸咎於父母的失職，但看著阿元的前科，我真的無法苛責阿元母親的態度。當家人都已經放棄你的時候，律師又如何介入？如果是你，你會付出無私的愛，只要是家人都無條件支持到底，還是會跟阿元的母親一樣，在看不見盡頭的責任下，選擇當做沒這個人？

就像阿元母親說的，沒有人能選擇自己的家人，當家人成了責任的無底洞，又有多少人能堅持「家永遠是你的避風港」這句好聽話呢？從阿元的身上，我看到了親情與現實的交戰下，親情做出了妥協。

聽聽律師怎麼說

少年犯罪，都不用負責？

依據《刑法》第十八條規定，十四歲以下的人犯罪確實不用受到「處罰」，但不代表不用負擔任何法律責任。依據民國一一〇年的《少年事件處理法》，十二至十八歲的少年還是會移送少年法庭，最終可能受到訓誡、保護管束，以及勞動服務、安置輔導、感化教育等處分。這些並不是剝奪少年的行動自由或身體自由的「處罰」，而是用來改正素行的「教育」，但也有人詬病不處罰，只會助長少年繼續犯錯。

至於賠償責任方面，十八歲以下的少年造成別人損失，父母原則上是需要負擔連帶賠償責任的。

在個案故事中……

雖然家長放任阿元，仍需要負擔賠償，而被害人也只能透過曠日費時的訴訟程序來求償，然而被害人在資源不足的情況下，往往只能選擇放棄。知道法律拿他沒輒的阿元，只會愈陷愈深，直到成長到該負責的那一天。

轉念跟自己和解

許多社會觀察家將孩子的不是歸咎於父母的失職，但是沒有人能選擇自己的家人。一旦成了責任的無底洞，又有多少人能堅持「家永遠是你的避風港」呢？在阿元的身上，我看到親情與現實的交戰，無奈最後親情只能做出妥協。而故事中的被害者丈夫，由於看清楚局勢，並明白將時間放在照顧太太身上更為重要，因此選擇不再浪費力氣追究。

Chapter
9

親情，一定要有血緣關係嗎？

曾經傾盡全力愛著女兒小灰的阿發，在妻子坦承長期出軌後打算離婚。他義憤填膺要妻子和外遇對象付出代價，然而一切戲劇化的發展，卻讓阿發連女兒都不要了，發生什麼事？

為什麼人生總是比戲劇還扯？因為戲劇要顧邏輯，人生不用。

阿發的案件原本十分單純。小灰這個漂亮的女兒是他的一切，傾盡全力愛著小灰的他，卻沒發現婚姻生活早已被壓力消磨褪去了色彩，連夜不歸的妻子，終於向他坦承了長期出軌，並要求離婚。

一開始阿發來找我的時候，義憤填膺的表示絕對不放過破壞他婚姻的第三者，一次發動了好幾個訴訟，就是要這對男女付出代價。但這個代價，卻來得比判決快了太多。

內心的恐懼與不安，真的發生了！

離婚案件還沒開始辯論，一場車禍不但帶走了妻子，也跳過判決消滅了這段婚姻關係。阿發縱然無法輕易原諒，但還是對妻子的離去悲痛萬分。在告別式上，他憐愛的看著唯一的家人小灰在旁放聲哭泣，卻被她那深邃到跟他一點都不像的眼睛拉去了注意，一個令人不寒而慄的想法，在他的腦海中萌芽。畢竟小灰不會拒絕，因此第一份鑑定報告的取得十分順利，阿發心中的恐懼在一個多月後得到了印證。

小灰跟阿發，根本沒有血緣關係。那份鑑定報告，擺在事務所的會議桌上。我看著阿發問道：「你知道可能的生父是誰嗎？」但看到一旁侵害配偶權的卷宗，就發現答案再清楚不過。「律師，我該怎麼辦？」阿發大概也覺得答案顯而易見，便詢問我如何處理。「在法律上，你可以先用這份報告否認小灰跟你的親子關係，再幫小灰命令第三者認領小孩，然後再跟他索討這幾年的扶養費。」依照法律程序，我給出了清楚的答案。

「但是……」我遲疑著。「律師，我知道你在想什麼，我知道小灰是無辜的，但我怎麼可能去養一個跟我沒有血緣關係的小孩，甚至她的父母都還是我最痛恨的人。」阿發打斷了我。「該怎麼做就怎麼做。」簽署委任後，阿發便離開事務所。

合照時的笑容，是至真的親子之愛

我看著滿桌的資料，那是阿發離婚訴訟案件的證物。當時，阿發跟妻子都不願放棄小灰的監護權，不斷跟法官、社工表示自己有多愛小灰。雙方也提出一張又一張的合照，證明自己跟小灰相處愉快。但其實不管照片裡的是誰，陪伴著小灰時的笑容，我相信都不是為了訴訟而硬擠出來的。

只是，當初吵得不可開交的「我比較愛小灰」，隨著這份鑑定報告的出現，好像成了從來沒發生過的事一樣。打開了電腦，我開始做著身為律師應該做的事。阿發終究還是在意小灰的，否認子女的起訴狀才送出去不久，阿發就請我打電話給第三者「談一談出軌的賠償」。但一毛錢都還沒談到，話題卻始終圍繞著小灰。

「你憑什麼懷疑是我生的？」這是第三者向我說的第一句話。「你跟阿發太太出入旅館這麼多次的行車紀錄器都有了，時間也對得上小灰的出生時間，到時候我們會鑑定，是不是你的小孩一翻兩瞪眼，你到底有沒有要負責？」在有這麼多跟阿發前妻交往的紀錄後，第三者依然厚顏否認，讓我不禁有些生氣。

「我又沒有碰他老婆，有判決這樣說嗎？」第三者還是不放棄睜眼說瞎話的機會。「反正這個小孩我是不可能會認的。」他斬釘截鐵的表示。阿發的臉都氣紅了，但我打斷了阿發接著說：「我希望你想清楚，如果真的是你的小孩，這幾年的扶養費我們統統會向你求償。」第三者惡狠狠的瞪著我們撂下狠話：「管你鑑定結果是怎樣，我是不會養那個小孩的，我不想談了。」之後便離開會議室。

永遠無法做好心理準備，孩子交給生父真的好嗎？

在第三者離開後，只剩阿發跟我的會議室鴉雀無聲。「你覺得怎麼辦？」我率先開口。「什麼意思？你是指他不配合鑑定嗎？」阿發疑惑的詢問。「不是，如果鑑定出來他確實是小灰的生父，但把小灰交給他真的好嗎？」看著對方現在的態度，我實在不覺得一份鑑定報告，能讓他一夕之間變成慈父。

阿發聽了我的問題後臉色一變，卻沒有馬上回答我。「那也是他的錯。」過了許久，阿發只能嘟囔著吐出這幾個字，我沒有做任何回應，只是拿出了傳票。「否認子女怎麼這麼快就要開庭？」阿發皺著眉頭。但我想不管多晚才收到傳票，對於要跟小灰分離的這件事，阿發應該永遠無法做好心理準備。

「所以，原告主張跟婚生子女小灰之間，沒有血緣關係？」幾週後，法官當庭向我們確認。「是的，我們這邊有自己所做的初步鑑定，如果庭上認為準確度有疑義，我們願意接受法院指定的醫院鑑定。」我回應法官。「知道生父是誰嗎？他有沒有認領意願？」法官進一步詢問。「已有特定對象，不過認領這方面……」我講到一半看向阿發，「還在溝通中。」我把話說完。

「原告，我知道小灰不是你的孩子，但我還是比較希望你先跟可能的生父協調認領，這樣對小灰比較好。」我們走出法庭的前一刻，法官叫住了我們。這段話並沒有強制力，也沒有任何法律效果，但法官應該已經察覺到阿發心裡的徬徨。

很快的，第二次鑑定也完成了。但我竟然發現，自己有著暗暗的期待，希望第一份報告只是一場誤會，阿發跟小灰是真正的父女。但想當然的，鑑定結果還是殘忍的顯示阿發跟小灰之間沒有任何親子關係。這個訴訟大局已定，而我也約了阿發，進行最後一次開庭前的討論。

稚子無辜，卻被迫概括承受大人的自私

「律師，請你看看這個。」向阿發說明報告內容後，他沒有回應，反而拿出手機，那是前妻與第三者的對話。內容清楚顯示前妻早就知道小灰的生父是第三者，但對方完全不願意負責，於是前妻只好假裝是阿發的孩子，讓他扶養小灰長大。

自私，是我看完這個證據的第一反應。前妻與第三者生下孩子，背叛自己的老公就算了，還為了維持婚姻表面的和諧，讓他白養了小孩。第三者為了自己的生活，不願意承擔養育子女的責任，這個責任最終落在阿發身上，這不是自私是什麼？但小灰呢？沒辦法選擇父母與家庭的她，只有面對因為出軌而破碎的家庭，或是母親選擇隱瞞身世而貌合神離的家庭兩種選項。似乎不管怎麼選，她都是最無辜的受害者。

「律師，你處理過這麼多家庭案件，可不可以告訴我，這個孩子我到底該要或不要？」放下鑑定報告，阿發眼神茫然的問我。有了這份鑑定報告跟手機，幾乎可以確定第三者就是小灰的生父，不管否認子女或索討扶養費都勝券在握。但對於勝

訴，我還是第一次如此為難，而對於阿發的詢問，我一時之間也答不上來。

「你愛她嗎？」我當然不是在問前妻。「如果是之前，我會很肯定的跟你說愛，但是我現在真的不知道了……」他落寞的回答。「要不要這個小孩，是要看『血緣』這件事情在你的愛裡占了幾分。」我告訴他：「只要你做出決定，我都會幫你做到。」阿發愛小灰無庸置疑，身為人，我會很不理性的告訴他，血緣真的沒那麼重要，你愛小灰是事實，她也愛你這個爸爸，那不就夠了？誰說親情一定要建立在血緣關係之上？但身為律師，我沒有權利幫他決定要不要這個小孩，只能支持他的決定。

「能排除親子關係」幾個大字，阿發盯著許久才能把目光移開。「律師，我不是聖人，我已經知道了真相，我沒辦法養背叛我的人的孩子。」阿發的結論，在一般人眼裡也許殘酷，但我看到的是個已經傷痕累累的男人，連生命中唯一的期待，也一起背叛了他，我無法怪罪他的決定。阿發幫小灰把律師費預先付清，囑託我之後一定要幫小灰爭取到扶養費後，便落寞的離開了事務所。

你唯一的家人，真的要離開了嗎？

最後一次的開庭阿發沒有去，法官便終結了案件。在清楚的鑑定結果下，小灰雖然還是住在阿發家，卻成了確確實實的孤兒。「阿發，你要想清楚，現在這個案件的下一步，就會讓小灰跟第三者產生親子關係，小灰就真的要離開了，你確定嗎？」但對於我的訊息，阿發只回了一個「好」字，我只好起訴了第三者。

不管第三者再怎麼抵抗，抵賴不掉的證據還是成功的讓法官命令他進行鑑定，而也如意料中的，小灰的生父果然是他。但我卻不知道要怎麼跟阿發報告即將勝訴的結果。這個勝訴，真的是他要的嗎？我打開最初阿發爭取小灰監護權的卷宗，一個人在辦公室裡，回憶起當時阿發跟我說，小灰是他唯一的家人時的神情。心一橫，我拿起了電話。

「你有什麼事？」第三者沒好氣的說，但突然多了個女兒的他，心情本來就不會好到哪去。「我有個提議。」在電話中，我向他說明了我的來意。

血濃於水，卻不是親情的唯一方式

判決還是下來了，認定了小灰跟第三者之間的親子關係，但我卻把阿發跟第三者叫來了事務所。阿發狐疑看著眼前的狀況，畢竟水火不容的兩人，上次見面可沒多少好話。「我有個提議。」我把上次電話中，跟第三者討論的內容，向阿發報告，他的眼神逐漸亮了起來。

小灰的下個案件還是開打了，但並不是向第三者請求扶養費，而是幫阿發收養小灰。當時在會議室裡，雙方達成了和解，第三者不想負擔父親的責任，雖然自私，但在前面幾個勝訴判決下也不得不屈服，乖乖支付扶養費。阿發嘴上說沒關係，但心裡卻不願與小灰分離，而他心中的那份怨恨，正好藉由第三者的認輸與扶養費支援，得到了出口。案件看似繞了一大圈回到原點，但若不經過這些案件，阿發對小灰的身世會永遠存在著疙瘩，而第三者也絕對不會負責。

小灰有兩個爸爸，一個跟他非親非故、一個有血緣關係，但問到小灰真正的爸爸是誰，我想所有人都會轉頭看向阿發。血緣確實是創造親情的一種方式，但

真的是唯一的方式嗎？「拜拜！去找爸爸！」我最後一次看到小灰，是這樣跟她道別的。看著她跑向阿發的背影，我覺得這個問題的答案，不言自明。

統統白養了？要怎麼辦？

為了保障子女權益，《民法》有規定，不管實際情況為何，只要是婚姻期間懷孕，都當成小孩與丈夫之間有血緣關係。只有在出生後經過親子鑑定，才可以進行否認親子關係的訴訟。但法院也不會允許生父逍遙法外，可以透過強制認領的訴訟，再建立起小孩與生父之間的親子關係。這時等同是白養別人小孩的丈夫，可以向生父請求這段時間所代付的扶養費。

只是，扶養費不太可能留下收據，所以大多數最後都只能用國民平均消費來計算，至於與實際花費之間的差距，丈夫也只能默默自己吞了。

另外，法律上有個很有趣的規定：小王就算是生父，也不能主動起訴，來否認丈夫與小孩之間的親子關係。畢竟小王自己通姦理虧在先，不可能允許他利用訴訟，來拆散家庭。

在個案故事中……

血緣真的是親情的唯一依據嗎？故事中，阿發最後還是選擇了與小灰共組家庭。確實血濃於水，但親情似乎也可以來自於愛。

轉念跟自己和解

血緣創造親情，但並非唯一的方式。阿發愛小灰，小灰也愛阿發，父女倆彼此相愛，也是各自認定的唯一家人。也許這樣就已經足夠，誰說親情非得建立在血緣關係之上呢？

Chapter 10

真的是我需要，抑或只是你覺得為我好？

這是一樁律師一眼就能辨別真偽的案件，哥哥拉著妹妹一起主張，跟媽媽早已離異的父親沒有盡到照顧義務，所以不願扶養照顧老父親，然而詭異的氣氛卻讓人發覺一切並非事實，背後到底藏了什麼原因？

會議室裡，阿明與阿嬌拿出一份起訴狀，「律師，我們兄妹被我爸告了，該怎麼處理？」阿明有些著急的問我。「原則上，因為你們有血緣關係，爸爸看起來又已經沒錢了，除非有家暴或他不養你們的狀況，否則就一定要給對方扶養費，頂多只是給多少的問題。」看完了起訴狀，我說明了自己對案件的評估。

「這樣喔……」阿嬌聽了我的評估，有點擔心的看向哥哥。「律師，爸媽在我們小時候就離婚了，而且我跟哥哥其實都不好過，能用這樣的理由不用付錢嗎？」阿嬌的問題是很多人都會問的。「可能沒辦法，對方是爸爸，妳就算沒錢頂多也只能少付一點，不能完全不付。」聽到我的回應，阿嬌失望的看著阿明。

寧願承擔偽證罪風險，也堅持不扶養老父親

「妳剛說爸媽早就離婚了，不知道爸爸當初有沒有給媽媽你們的扶養費呢？如果有少給，我可以向法官爭取少付一點。」看著他們一副無計可施，我便提出了建議，阿嬌正要開口，阿明卻搶在她前面說話了。

「是媽媽一個人帶大我們，爸爸完全沒有付錢。」阿明肯定的說，但我可沒看漏他使的眼色，還有阿嬌把話吞回去時的表情。「另外剛剛說到，如果有家暴也可以不用付對方錢嗎？要怎麼證明呢？」阿明以為我沒發現異狀，便進一步詢問。「對，有家暴也可主張免扶養，除了有保護令，通常會傳喚家中成員作證。」我答覆。「那媽媽可以當證人嗎？」阿明想了想，提出他唯一能想得到的證人。

「可以是可以，但如果為了幫我們而說謊，還是有偽證罪，這真的要注意。」看著會議室裡愈來愈怪的氣氛，我忍不住「提醒」了偽證罪的風險。「律師放心，我不會讓媽媽作偽證的。」阿明聽了可以找媽媽來當證人，底氣十足的表示這官司就麻煩我處理了，卻不顧阿嬌在一旁反對的神色。

目送著兩位當事人離開，我的心情很複雜，雖然不能百分之百肯定，但從兩人的反應來看，阿明八成是打算叫媽媽來作證。就算可能是八分真、兩分假，但說謊就是偽證，也不知道這個警告兄妹倆聽進去了幾分。

老父親喊冤急辯解，扶養羅生門各說各話

「我怎麼可能沒養他們？」時間快轉到了調解庭，老父親是一個人拄著拐杖來的，他有點傻眼的這樣說。根據他的說法，他確實在阿嬌出生前就離婚了，但當時住隔壁巷的他，還是隔幾天就會去看一下小孩，當然也有給阿明媽媽錢。

「你能提供證據嗎？」我詢問老父親，一方面是要預測勝敗，另一方面他的態度不像說謊，如果能拿出證據，我也比較好跟當事人協調和解。可惜他搖搖頭說：「都幾十年前的事情了，怎麼可能有證據？除非前妻願意幫我作證……」可惜你的前妻是我們的證人，我心想。

「私下給錢？才沒這種事情。」聽完我的轉述，阿明在電話裡直截了當否認。「這件事情也不是我或你說的算，還是要讓媽媽出庭來證明這件事。」在我跟阿明說明今天的開庭過程後，便請他把媽媽帶來開會。

「我一定要作證嗎？」沒想到剛見到阿明媽媽，她的第一句話竟是這樣，

「媽！妳不作證的話，我們就要付那個人錢了耶！妳怎麼到現在還在講這種話？」阿明甚感不解的表示。「而且我們不是在家裡就已經講好了嗎？」阿明扶著額頭，「我們可是都在為妳打抱不平耶！」阿明愈講愈激動。

反覆沙盤推演，但真相藏在阿明與媽媽的心中

「好了好了，我想聽證人到底要講什麼。」我打了圓場，並請阿明媽媽陳述。但光是從什麼時候開始沒給錢這件事情，一下說從頭到尾都沒給，一下說離家後才開始沒給，就連當時阿嬌到底出生了沒都說得反覆。阿明一下插話補充，一下提醒媽媽要怎麼講才聽起來可信，搞得她都快忘記自己講到哪。

「阿明，到底是你在收扶養費，還是媽媽在收？媽媽要怎麼講就怎麼講，你不要再教她了。」當阿明誇張到準備要擬一個講稿給媽媽時，我終於受不了插話阻止。聽到我這麼說，阿明才悻悻然的放下筆，並且不再插話，讓媽媽把她的陳述講完，只是說辭依然前後矛盾。雖然不是百分之百，但通常只有一種可能，就是這件

事根本是編出來的。

「妳說的，真的都是實話嗎？」這牽涉到偽證問題，實在是茲事體大，在阿明媽媽不斷更改說法後，我終於忍不住發問。「這……當然是真的。」她瞥了阿明一眼，他在一旁猛點頭的樣子我也都看在眼裡，不過當然也沒有證據可以證明她在說謊。在千叮嚀萬囑咐千萬不要作偽證後，我終於送走了三人。沒錯，是三個人。當天阿嬌也到了事務所，卻異常的沉默，連一句話都不說。

回到辦公室，我翻閱著整理出來的證人說法，老實說，經過我們討論後所確定的版本還真的有幾分可信度。就這樣讓媽媽去作證，雖不敢保證百分之百可以免除扶養義務，但要把扶養費降到極低，還真的有幾分把握。但這樣真的好嗎？阿明媽媽前後矛盾的供辭、阿明指導作證的行為，還有阿嬌那天異常的沉默，雖然沒有直接證據，但我幾乎能確定這段證詞的真實成分大概只有不到一半。

為了孩子不用付扶養費，阿明媽媽甚至作偽證也在所不惜。但令我不解的是，如果爸爸確實有付錢，而且阿明跟阿嬌也知道實情，他們為什麼堅持連一毛錢都不付給爸爸呢？難道這一兩萬元，就值得讓阿明叫媽媽當庭說謊，承擔偽證的風險？

訊問被反駁也不憤怒，只有更多的懊悔與自責

這個疑問直到出庭的當天，都沒有辦法得到解答。我與阿明媽媽坐在法庭外，看著老父親一跛一跛的走過我們。我轉過頭來看著阿明媽媽，「我問最後一次，不管是真是假，妳都願意作證嗎？」我嚴肅的說：「沒有人喜歡作證，這是最後可以反悔的機會。」沒有指責她說謊話，取而代之的，我用了另一個說法讓阿明媽媽有台階下，但只見她搖搖頭說：「沒關係，我願意作證。」便隨著我進入了法庭。

阿明媽媽作證十分順利，在我們「練習」了好幾次後，把爸爸如何拋家棄子，只願意回來玩小孩，卻不願意付扶養費的惡行惡狀都講得鉅細靡遺。但直到跟阿明媽媽告別，她還是沒辦法看著我，告訴我她講的東西都是真的。

「我知道，當初我外遇離家，所以他們對我很怨恨，但我還是有在養，實在沒

想到會變成這樣。」老父親的聲音從我背後傳來，看到阿明媽媽離開，他便上來跟我搭話。剛剛訊問證人時，他提出的每一個問題都被我異議，最後連一個完整的問句都問不出來，便放棄了訊問。

他現在的語氣聽不出一絲憤怒，雖然有怨懟，但聲音裡更多的是懊悔與自責。「我知道我對不起阿明媽媽，但我真的沒有對不起阿明與阿嬌，多少錢都好，能不能請律師問看看孩子願不願意幫幫我。」老父親說完便轉頭離去，剛剛的開庭我方表現得可圈可點，但當我看著「對手」一拐一拐離去的落敗模樣，心中實在五味雜陳。但就算再相信他、有再多同情，我能做的也只是轉告阿明。

一切全是為了最愛的家人，難道錯了嗎？

「律師，如果是你，你會同意和解嗎？」阿明也知道媽媽出庭表現非常好，也難怪沒有要和解的想法。聽完阿明這番話，其實我已經打算悶起頭來迎接勝訴了，但電話卻又響起，本以為是阿明回心轉意，沒想到這次打來的是阿嬌。

「律師，我想跟你坦白。」阿嬌才開口，我就知道她要說什麼了。一切都如同老父親所說的，他不是個好丈夫，但確實盡了最大的努力扮演好爸爸的角色。但在成長過程中，媽媽的憤怒影響了阿明與阿嬌，讓他們對於這位離家的老爸深惡痛絕，好不容易盼到他老了、病了，不報一箭之仇怎麼行？但阿嬌發現，媽媽談起這件事時語氣裡再也沒有憤怒。愛過也好、恨過也罷，皆已成往事。對她而言，老父親再也不是當初背叛她的男人，而是被孩子痛恨，無依無靠的孤單老人。

老父親犯錯了，但真的值得受到這樣的懲罰嗎？阿嬌看到他現在的模樣，便動搖了。他看得出來，媽媽也不想這樣，但當看到子女如此為自己打抱不平，盡全力也要幫她討公道時，媽媽又怎能打仗一半臨陣脫逃？她擔心自己的拒絕，會深深傷害阿明為她做這麼多的心意。

「我要為你出口氣！」看到愛的人被深深傷害，想為他做點什麼確實是人性。而當看到愛我的人如此為我打抱不平，我又怎麼能「辜負」他的期待？就算這個期待根本不是我要的。這個案件在「我是為了你」的心態下，竟成騎虎難下的局面。

眼見勝訴結果，卻即將撕裂僅存的血緣聯繫

眼看宣判在即，這個勝訴結果雖然是當事人要的，更對當事人有利，但卻也將這個家僅存的血緣聯繫，撕裂得什麼都不剩。阿嬌並沒有要我「想想辦法」，但媽媽堅決的走進法庭時，眼神中的那絲遺憾、後悔，卻讓我不得不把阿嬌、阿明再度請來會議室。

「這是什麼？」當我把那份申請書放在桌上時，阿明疑惑的問我。「依據律師倫理，我沒辦法協助你爸爸。」我看著阿明，那是中低收補助申請書，在我們勝訴後，老父親應該就符合資格了。只是他不會懂得申請，但要等社會局主動發現他具備資格，那簡直遙遙無期。

「為什麼我要幫他？」阿明聽了，有些不高興的問。我便拿出跟阿嬌通話後隔天，母親傳給我的那段對話。「這些訊息其實不該讓你看到，畢竟你媽媽很努力的配合我們作證，為了『讓我們幫她報仇』。」阿明細讀著訊息，沒有答覆我。「但這真的是她想要的結果嗎？」我留下了這個疑問。

阿明終究是拿著那份申請書離開了，我不知道他最後有沒有把它交給老父親，但當我看到判決書上對於老父親根本沒做的錯事指證歷歷，進而免除阿明跟阿嬌的扶養義務時，我真心希望這份申請書有發揮它的作用，畢竟老父親跟阿明與阿嬌之間，根本沒有誰對不起誰。

我們常常會有種「這不都是為了你好嗎？」的想法，但這到底是「我需要」，還是「你覺得我需要」，我們卻從來沒有思考過。阿明想為媽媽出氣的心、媽媽配合阿明作偽證的心，一切的行為都是出於愛對方，但在沒有察覺對方真正需要什麼時，我們是在付出，還是在造成傷害呢？愛與關心之前，我們往往忘記要了解。

憑什麼我要養離家父母？

子女奉養父母本為天經地義，也是法律所規定的義務，但隨著時代進步，法律也漸漸的轉變。時至今日，若父母有虐待，或是沒有扶養小孩的情形，在父母年老後，小孩也不需要養育他們。

只不過要注意的是，只有在「判決後」，小孩才開始不用扶養父母。反過來說，在判決之前的扶養費還是要照付。因此，常常會在社福機關介入將獨居老人送去療養院後向子女索討的案件中看到，就算子女成功免除自己的扶養義務，之前所積欠的安養費還是必須償還。因此，若想免除扶養義務，還是盡早為之。

在個案故事中……

大家也許會質疑，憑什麼故事中的法官，媽媽說什麼就信什麼。但這類案件因為欠缺證據，親屬的證詞只要不會太誇張，往往就成為唯一且關鍵的證物。至於證人說的是真是假，大概也只有本人知道了。

轉念跟自己和解

愛與關心之前應該先了解，這是對方需要的，抑或只是自己一廂情願的「為你好」。阿明想為深愛的老母親出口氣，母親也不希望辜負兒子為自己打抱不平的心意，唯獨女兒阿嬌讀懂了母親的心，知道愛與恨已是過往雲煙，老父親如今不再是當初背叛她的男人，而是被孩子深惡痛絕且無依無靠的孤單老人。

Chapter 11

撫平傷痛的不是賠償，而是一句真心道歉

「檢察官大人，你跟我說醫師沒有過失，誰來賠我的老公？」無論是對家屬、醫師或醫院，沒人願意發生這樣造成醫療糾紛的案件。這個陪伴被告醫師訴訟的案件，雖然一份證明無過失的鑑定報告等同提前宣判勝訴，但醫師卻私下表示，自己自責得喘不過氣……

檢察官遲疑了半天，最終還是決定把手上那份醫檢會的報告給死者的太太看。果不其然，太太放聲大哭，空氣彷彿凝結，沒有人敢說話。過了許久，太太的哭泣才漸漸平息，偵查庭剩下的聲音只有點點啜泣。「檢察官大人，你跟我說醫師沒有過失，那老公前一天跟我有說有笑，還自己走進醫院，結果再也沒出來過，誰要來賠我的老公？」

結縭四十年，太太與死者一輩子都在打拚，辛苦把子女拉拔長大。卸下身上的重擔後，本想遷居台東安養天年的他們，先生竟然在最後一次步入診間做例行注射後在病房外倒下，再也沒有醒來。死因不明，但醫院也無法輕易承認過失，只是家屬又怎麼能接受「我們真的也很遺憾」這樣的說法，於是一狀告上了地檢署，希望由司法查明真相，並還他們公道。

一臉無助茫然，你能不能還我老公？

但那份醫檢會的鑑定報告，清楚載明了沒有發現醫師在診治上有任何過失，但也找不出患者的死亡原因。等同提前宣判了我方的勝訴。檢察官嘆了口氣，安排下一次庭期。走出偵查庭，太太無助的看著負責注射的許醫師，茫然的問他：「你能不能還我老公？」許醫師一時語塞，想說點什麼安慰的話卻被我阻止。我搖搖頭，示意他什麼都不要說，畢竟此時說什麼都只會引發糾紛。太太得不到答案，只好在助行器的輔助下，蹣跚的走出地檢署大門。

當晚向醫院報告訴訟進度的會議氣氛很好，原因無他，因為那份醫檢會的報告等同是醫師無罪的證明。「律師，多虧你，才讓我們許醫師安全下莊。這幾個月來他都在煩惱這件事情，睡都睡不好，還要不斷出庭，工作情緒大受影響，其他病人的權益也因此受損。雖然很遺憾，只是我們真的是被害人，但總算可以鬆一口氣了！」主持會議的醫師拍拍我，神情十分輕鬆。

會議結束後，許醫師拉我到樓下空病房，私下問我：「我們有和解的空間嗎？」雖然知道他的意思，只是身為律師的我還是得做出法律評估：「既然醫檢會都說你無過失，你一定會沒事。既然無過失，當然也不用賠償，我認為沒有和解的必要。」許醫師搖搖頭對我說：「律師，我不是那個意思。」

自責的無力感身心俱疲，感覺自己渺小無助

「我執業二十幾年，那個注射手術我也做了十幾年，我百分之百確定我沒有任何失誤，我真的不知道為什麼會這樣……」許醫師激動的說：「但那是一條人命啊！」他接著把話說完：「我行醫是要救人啊！我根本不是什麼被害人，他的家屬才是！」

根據許醫師表示，這只是個小手術，他可以確定自己零失誤，但對於患者的死亡也毫無頭緒。只是這份自責，已經壓得他喘不過氣來，就算檢察署說他沒有任何過失，但一條生命在他的手上消逝了，這份無力感讓他感覺到自己的渺小與無助，就算他是醫師，也不是每個人都救得回來。

「律師，我可以私下跟對方和解嗎？我願意自己出錢。」我看著他，你要和解當然可以，和解在法律上確實不代表承認自己有錯，只是從醫院的角度來說，又怎麼能接受這種「認錯」呢？一個承認了有醫療過失的醫院，誰還敢來？這個案件從來都不是「要不要和解」，而是「能不能和解」，所以從一開始醫院就下了命令，

禁止許醫師私下跟病人有任何接觸。

「我是你請的律師。」我回答：「不是醫院的律師，所以我當然可以不管醫院怎麼想。只是你違反醫院決策的後果，並不是法律能處理的。」我觀察許醫師的反應後告訴他：「但是許醫師，這是你的案件，不是醫院的案件。」

幾天後，似乎是察覺到了許醫師的猶疑，醫院「好心」幫我分擔工作，掏腰包委託了兩個律師來協助案件。一字排開很有氣勢，但其實大家都知道，這些律師除了幫忙，阻止許醫師「做傻事」也是任務之一。

我不請律師了

很快的來到了開庭的那天，照本宣科的問完三位律師的意見後，檢察官的心裡大概也有底了，看著已經微微開始啜泣的太太問道：「告訴人有什麼意見要表達嗎？」太太沉默了幾分鐘，檢察官正要催促時，她開始講起自己跟先生認識的經過。他們沒有自由戀愛，當知道對方的長相時，就已經被決定自己的一輩子得跟這個男人過。先生木訥寡言不善表達，他們的關係從一開始就不是建立在愛上面的，但隨著年齡增長、子女出生，兩個人的相互扶持卻是實實在在，太太說：「我真的不愛我先生，但他是我的家人……可以把家人還給我嗎？」

「檢察官，這個跟案件無關吧？」醫院請來的律師不識趣的插話，太太被律師嚇到瑟縮了一下，檢察官瞪了律師一眼，直接禁止他再插話。「我的家人，跟我在一起最久的家人，就這樣沒有了啊……」太太難過的說：「檢察官你為什麼不幫我？這個家只剩下我一個人了，我到底該怎麼辦？」一段很長的沉默過後，太太轉頭用顫抖的聲音問許醫師：「我老公最信任你，他為什麼會變成這樣？」

「我真的不……」許醫師一句話都說不完整，他先是看了看太太，然後看了看我，最後再回頭看著其他兩位律師。想了一下，我還是決定插話了：「檢察官，可能許醫師有話想說，但是會擔心干擾我們的策略。能否讓我再確認一下許醫師繼續委任律師的意願？」

許醫師看著我，花了幾秒鐘理解我的意思，最後堅決的說：「我不請律師了。」檢察官再三確認他的意願後，就以偵查不公開的理由，請律師都離場。正當我「功成身退」要走出法庭時，許醫師似乎想起了什麼，補充道：「簡律師留下來好了。」接下來，其他兩位律師就被錯愕的推出了法庭。

道歉與真相，遠遠勝過賠償

坐定後，許醫師繼續說：「我真的不知道……這個手術我真的沒有失誤，對於他的離開我也很錯愕，我學醫幾十年了，我必須很自責的說，我不知道原因。大家都說我是被害人，這件事情根本是錯的。我是醫師，病人在我治療過程中死亡，我怎麼會是被害者？但我真的不知道死因，這份無知讓我感覺好無力。」

許醫師轉向太太說：「我真的很對不起，我用全力救妳的先生，但我用盡我所學的一切，他還是離開了。事後我翻遍所有文獻還是找不到原因。我沒辦法賠妳家人，更沒辦法向妳交代為什麼會發生這種事。我也知道，再多的賠償金也換不回妳的先生，但我真的很抱歉，很抱歉，很抱歉……」說到這，許醫師的眼眶紅了，對自己醫術充滿信心的他，卻遇到這種手足無措的情況，一條人命就這樣離開了。

太太早已哭成淚人兒，沒辦法再回應許醫師，最後被攙扶離開地檢署。我問許醫師，接下來醫院那邊怎麼辦？他搖搖頭說：「我不知道，但我覺得我欠被害人一個道歉。」過了幾天收到地檢署的電話，表示被害人撤告了，雖然不影響案件，但還是通知我們一聲。許醫師狐疑的問我：「為什麼要撤告，我們還沒賠對方啊？」

也許，當事人要的根本不是什麼賠償，而是一句真切的道歉與真相。在這個案件中，不管是死者、家屬、許醫師，甚至是醫院，全都是被害者，沒有人願意發生這種事情。但是如果在法庭上針鋒相對，無法用真心解決爭端，可能就會從被害者，轉變成為加害人。

許醫師最後還是離開了醫院，他有繼續行醫嗎？還是轉行去做其他工作了呢？沒有人知道。只是從他今天寄來的明信片我看得出來，他已經沒有了自責、沒有了懊悔，雖然案件還是長存心中，但他已經不再是被害人了。我們，都曾是被害人。

聽聽律師怎麼說

醫糾訴訟，真的有那麼難嗎？

對，就是這麼難。一個沒有醫療專業的被害人，要在醫師的專精領域挑出毛病，再加上法官也一知半解，最後也是看著醫檢會這個由醫師組成的團體寫的報告來判決。球員、裁判都是對方的人，是要怎麼鬥？

而且《民法》規定，要證明是醫師的過失「導致」病人狀況變糟才能求償。但疾病成因百百種，就算醫師確實有過失，病人也確實病情加重，還是沒辦法確定就是醫師的過失所導致。畢竟病人的作息、飲食，甚至是疾病本身的自然演進，都是導致病況加重的可能原因。所以大多數病患在無法勝訴的無奈下，也只能選擇和解。

在個案故事中……

很多人打醫療訴訟都跟故事中的太太一樣，不是為了賠償，只是想知道「為什麼會這樣」，但更多的情況是連醫師也不知道原因。在法律只負責賠償、不負責找出原因的情況下，患者要透過司法拿到應有的賠償，或者就算只是想知道答案，都是困難重重。

轉念跟自己和解

現實世界裡，我們都曾是被害人，就像本案裡的死者、家屬、許醫師，甚至是醫院。沒有人願意發生憾事，無論是太太失去先生的悲痛，或是許醫師自責內咎的無力感，再多賠償也無法挽回先生已逝的寶貴生命。然而，提告與被告雙方，終究選擇敞開真心和解爭端，讓傷害盡可能降到最低。

Chapter 12

選擇相信？堅持告到底？兩起車禍不同結果

同樣遭逢車禍，阿龐跟陳老闆，兩人不僅工作不同、年齡不同，個性更是南轅北轍，這兩人對車禍選擇了完全不同的處理方式：一個堅持要代價、一個選擇相信人性，最終在自己身上的結果竟也完全不同。

「律師，委託你就是要爭取我最大的利益。如果現在要我退讓和解，那我請你幹嘛？」調解庭外，陳老闆義正嚴詞的對我說。而一個小時後，在同樣的調解室外，阿龐告訴我：「律師，如果她再騙我，那就騙吧！我不想因為曾經被騙，就選擇懷疑一切。」

天底下就是有這種巧合，不同的當事人，同樣是車禍的受害者，法院竟將阿龐與陳老闆的案件，分別安排在同一間調解室的上、下午場。阿龐跟陳老闆，兩人工作不同、年齡不同，個性更是南轅北轍，冥冥之中卻有些緣分。他們在同一天、不同地點遭遇車禍，卻剛好都委託了我擔任他們的律師。

爭個「理」字，無論如何都要對方付出代價

上午，我接待了陳老闆。多金、認同專業有價，付錢更是乾脆，陳老闆是所有事務所眼中的「貴客」。「律師，我在意的不是錢，而是爭一個『理』字。」面對對方保險公司提出的和解方案，陳老闆不屑一顧，「我為了這個訴訟勞心勞力，甚

至還要看心理諮商，我一定要對方負責。」陳老闆不介意律師費多寡，就是要對方為自己的冥頑不靈付出代價。

問題是，陳老闆口中的「冥頑不靈」，就律師的角度來看，還算合情合理。「陳老闆，依法來說，訴訟所花費的『心力』固然是很重要的成本，但真的不能求償。」我給出了我的法律意見，但陳老闆卻說：「律師，律師費不是問題，重要的是這個道理嘛！就算心力不能求償，我也要法官寫在判決中跟我說，就麻煩你幫我處理這個案件了。」聽完我的建議，陳老闆就算知道於法無據，還是決定付了委任費，並留下這個燙手山芋。

回到辦公室，一想到要針對陳老闆的「心力」求償，不禁頭痛了起來。「下午是什麼諮詢？」揉著太陽穴，看到拿著卷宗走進辦公室的助理，我開口詢問。「是一位龐先生，好像也是車禍案件……對了！他是法扶當事人喔！」看了看行事曆，他這樣回答。

下午，阿龐一拐一拐的走進了我事務所的會議室。「律師，請你一定要幫我。」阿龐這輩子沒進過法院，但對方撞了人之後就逃之夭夭，嘴上雖說著會乖乖賠償，卻再也聯絡不上，於是只好進行訴訟。

阿龐是一名清潔工，那天清晨才剛踏上人行道，就被一輛機車從後方攔腰撞上。「她渾身酒氣的，說是剛唱完歌要回家。」阿龐表示，那名肇事女子也不好過，半工半讀才努力唸到研究所，要不是醫藥費已經讓阿龐生活出問題，否則他也不會尋求法律扶助基金會的協助。聽完阿龐的說法，我白眼翻了一整圈，到底哪個生活過不去的學生，會有閒錢半夜跑去唱歌，還順便喝個爛醉？但看到阿龐一臉認真的同情對方，我也不想吐槽他，便接下了委託。

五萬元？你在開玩笑嗎？

經過計算後，因為陳老闆幸運的沒有受傷，故撇除他所謂的「心力」部分後，能求償的金額實在不多。但阿龐就比較倒楣了，背後這一撞把他的脊椎給撞傷，至今都還在物理治療，別說是窮學生了，對一般上班族來說也是筆不小的金額。

聯絡了陳老闆案件對方的保險公司，保險員倒是很老實：「我也很無奈，修車費什麼的公司都願意出險，但大律師，心力這個東西，你到底要我怎麼跟公司開口啦？」如意料之中的，向保險公司要「心力支出」看來是行不通的，我只好再次拿起電話，撥通了對方本人的手機，準備要來說服對方為了他的「冥頑不靈」付出一點代價。而阿龐的案件，也果然如他所說的，完全聯絡不上對方。

很快的，我先後收到了兩個案件的傳票，巧合的是都安排在同一天、同一個調解室。先開庭的陳老闆，在法院門口向我招了招手。「律師，聽說你已經跟對方先談過了？」他開口問我。

「是的，我跟他一直談到了昨天，他現在認同陳老闆在訴訟過程中所付出的心力，所以除了修車費保險公司全賠，他也願意自己額外補償陳老闆。」我說得雲淡風輕，但明明沒有受傷，卻講到讓對方願意額外拿錢出來，那過程絕對不是「談」一個字可以輕描淡寫的，也許稱之「威脅利誘」可能更恰當。

「本來就應該這樣，那就看他要如何補償我了。」還來不及進一步說明，委員就點呼我們進去了。一切看似都很順利，保險公司對我們所提出的修繕費用，完全沒有任何刪減，而對方本人也願意道歉，並承諾會自己拿錢補償陳老闆的心力支出。但我沒想到的是，五分鐘後陳老闆就氣到需要到調解室外冷靜。

「五萬元？開玩笑嗎？」陳老闆氣到話都說不清楚。聽到對方開出五萬元時，我跟陳老闆都錯愕了。我錯愕的是，對方明知沒有任何法律依據，卻願意額外拿五萬元來解決爭端，但陳老闆的理由剛好跟我相反。

如果再騙就騙吧！不想因為曾經被騙就選擇懷疑

「陳老闆，我理解你的憤怒，也相信你花的心力沒辦法用金錢量化。」我一邊說著，一邊看著他的反應。「但我之前就說過了，你針對『心力』去求償的敗訴風險實在太高了。不知道你有沒有考慮在和解上做出一些讓步，讓你盡速恢復正常生活，不用把訴訟掛在心上？」我斟酌字詞，努力用最容易說服當事人的方式溝通。

「律師，委託你就是要爭取我最大的利益，如果現在要我退讓和解，那我請你幹嘛？」陳老闆義正嚴詞的對我說。「陳老闆，我再說白一點好了，如果你繼續訴訟，最後可能只能拿到修車費。現在除了修車費，還有機會可以多少補貼你的心力，真的不考慮嗎？」我決定不再修飾，挑明著問他。「二十萬元，其餘免談。」陳老闆下了結論。於是，陳老闆的案件就在委員不斷勸說「真的已經很好了，陳先生你不考慮一下嗎？」的情況下，進入了訴訟。

「陳先生，關於和解的事情，你再考慮一下。如果你願意高抬貴手，請你的律師聯絡我好嗎？」離開前，對方還是向我們表達了願意和解的意思，但陳老闆卻理都不理，囑咐我要好好處理後，就離開了法院。我無奈的看看手錶，也剛好輪到了阿龐的調解，我走進了調解室，委員愣了一下對我說：「希望這個比較順利囉！」我心照不宣的笑笑。

阿龐的對造（法律上指產生爭訟行為時，雙方當事人對彼此的稱呼），一開口就說自己沒錢、生活過不去。阿龐一臉認真的聽著，但對方身穿潮牌、用的是蘋果電腦，怎麼看都不像是生活很辛苦的窮學生。「龐先生，真的要請你幫幫忙了，我只能賠一半。」她雙手合十，努力的拜託著。「這不是賠不賠得出來的問題，醫藥費就是這麼多，而且已經沒跟妳計算精神賠償了。是可以分期，但不賠真的說不過去。」不等阿龐回應，我直接講出我的想法。「對啊！妹妹妳還年輕，人家受重傷，而且已經很客氣了，也沒告妳過失傷害，妳就分期努力看看嘛！」委員也贊同我的意見。

「我就真的沒辦法嘛……不然你就告到底啊！」她低下頭囁嚅，最後一句雖然口齒不清，但我卻聽得很清楚。我還沒發作，阿龐就開口了：「妳生活真的是有困難嗎？」沒等到她回答，阿龐就轉過頭來對我說：「還是律師，我們就……」我馬上打斷他，並且把阿龐拉到外面談。

「對方是假裝沒錢。而且如果只賠一半，那你怎麼辦？」我不敢置信的問他。「律師，我很感謝你為我想這麼多，但……」阿龐說到一半，我又打斷他：「她本來說要賠，都已經騙你一次了，你還敢相信啊？而且你告到底的話，會比現在多很多。」只要選擇狠下心走訴訟，就能受到完整補償，那為什麼不？但他笑著對我說：「律師，如果她再騙我，那就騙吧！但我不想因為曾經被騙過，就選擇懷疑一切。」我無語的盯著阿龐，轉身向調解室裡面說：「妳找一個保證人，我們就答應。」都已經退讓這麼多了，我一定不能讓對方有機會賴皮。阿龐聳聳肩，對我的處理沒什麼意見，這個案件就在阿龐的退讓下，以和解告終。

與其糾結過不去，選擇相信換來了平靜

一年後，我仍然在辦公室找著實務見解，想辦法幫陳老闆在訴訟上做出突破。雖然一開始評估沒有勝算，但我用盡了辦法後，還真的讓法官開始重視這個「訴訟心力」的賠償。

「簡律師，有你的信喔！」聽到助理的聲音，我將目光從螢幕上移開，瞥見他拿進來的一封信，竟是好久不見的阿龐寄來的。阿龐在訴訟結束後，專心做了一年的物理治療，現在已經完全康復了。「我不知道自己當初有沒有被騙，但是我的相信，換來了我生活的平靜。」信上這樣寫著，因為有保證人，阿龐很快拿到了賠償金，紓解了他的經濟壓力。阿龐說，感謝我所有的努力，但他到現在都覺得當初相信對方是對的。

看著卷宗裡的診斷書，陳老闆憂鬱的狀況不斷加劇，對方的賠償，真的能填補他的損失嗎？**阿龐選擇相信，雖然在經濟上比較辛苦，但卻終局的解決了糾紛。**我想，阿龐與陳老闆並沒有對錯可言，也許我能幫陳老闆獲得最終的勝利，但這份勝利，能為陳老闆帶來如阿龐所得到的平靜嗎？我想，陳老闆自己也不知道。

打官司又累又花錢，憑什麼不能求償？

律師費所費不貲，而且蒐集證據又勞心勞力，那麼律師費到底能不能求償？

若是民事案件三審，因為規定一定要請律師代理，所以可以求償律師費，但並不是實支實付，而是法官說的算。而且法官通常都會覺得律師收費太高（自古文人相輕？）因此核定的律師費通常杯水車薪，可說是入不敷出。至於一審與二審，並沒有強迫要請律師（也就是你可以自己打），因此除非當事人明顯無法自己出庭，而且法院認為有必要請律師時才能求償。看似話沒說死，但實際上沒看過哪個人求償成功。

有些人就問，對方誣告我，我也反提誣告成功了，這樣不能求償律師費嗎？很遺憾，法院對自己的審理品質還……滿有信心的，認為如果你真的無辜，就算不請律師也不會有罪。反過來說，大多數的法官都認為請律師並非「必要花費」，所以不能求償。

大家也許會好奇，真的無法跟對方拿律師費嗎？其實，簽約時如果有提前先把「輸的人付律師費」這件事給約定進去，就可以跟對方求償囉！

在個案故事中……

同樣都是車禍的受害者，但是兩人卻選擇了不同的態度來面對問題，阿龐選擇「相信」來解決糾紛，陳老闆則因為不甘心而決定周旋到底，終於造就了不同的結果。

轉念跟自己和解

法律可以裁定是非對錯，為人們伸張正義，卻不一定保證當事人，事過境遷後可以回復內心平靜，那些糾結在心裡過不去的「坎」（無論不甘心或想要還以顏色）終究解鈴還須繫鈴人，恐怕也只有當事人才能自己解套了。只是，就算對方付出了代價，自己也可能落得心力交瘁的下場。沒有對錯，一切都是自己的選擇罷了！

落幕

轉念祝福，用愛與自己和解

Chapter 13

如果把愛說出口，女兒還會討厭我嗎？

他兼了第二份、第三份工作，就是為了在探視時都能讓女兒拿到新玩具、吃好吃的餐廳，但是隨著孩子長大，他發現女兒的態度愈來愈奇怪，開始把爸爸當成壞人。到底要怎麼和一個五歲小孩說明，爸爸雖然和媽媽離婚，還是很愛妳？

「為什麼都到這個地步了！你還要跟我爭喬喬？」一個女人冷冽的聲音，迴盪在調解室。喬喬的爸爸是我的當事人，他的眼睛瞪大，憤怒的想說些什麼，卻苦苦思索吐不出一個字來。

這一對怨偶，糾纏了十幾年後終於離婚，只是不知道是幸運還是不幸，在離婚協議書簽下去的那一刻，沒有人知道一個小生命已經在媽媽的體內悄悄孕育，兩人的女兒「喬喬」就在無奈之下出生了。

愛女心切卻吃力不討好，竟被當成是壞人

兩人這才發現，雖然婚已經離了，但是血緣的連結卻如此強大，如同烙印般刻在基因裡，「我愛她」這是兩個人共同的想法。對於喬喬，雙方都不願意放手，只好登記共同監護。

沒有與喬喬同住的爸爸，把握住每次跟喬喬會面的機會，不管是平日、假日，

他都會推掉工作，只為了跟喬喬有完整的一個下午可以出遊。而他兼了第二份、第三份工作，就是為了探視時都能讓喬喬拿到新玩具、吃好吃的餐廳，但隨著喬喬長大，爸爸發現她的態度愈來愈奇怪。

「媽媽說，你都不養我們。」「爸爸再讓媽媽哭的話，我要打死你喔！」喬喬開始將爸爸當成壞人，他曾經想解釋，但如何跟一個五歲小孩說明，爸爸沒有不養妳，爸爸雖然不愛媽媽但還是很愛妳？爸爸簡直百口莫辯，最後只能選擇沉默。

只是，探視小朋友這件事，似乎愈來愈艱難。媽媽的說法從「我臨時有事，改下週探視」，慢慢變成「喬喬說她不想看你了」，最後直接爽約。爸爸才發現自己探視喬喬的權利不停的被媽媽剝奪，從忍受到抱怨，再到口角，爸爸只好請求法院協助，兩人在法官面前達成了兩週探視一次的協議。

一步一步忍耐退讓，最後監護權形同空殼

可惜一點效果都沒有，媽媽依然故我，三次探視中有成功看到一次都是萬幸。隨著兩人積怨愈來愈深，終於爆發激烈的相互叫囂。然後，媽媽就聲請保護令了。

媽媽說爸爸常常辱罵她，已經是精神虐待。無論爸爸怎麼向法官解釋媽媽所提出的錄音都經過篩選，雙方都有互相辱罵，但面對早已有備而來，故意吵架蒐集證據的媽媽，爸爸又怎麼能說服法官？最後保護令還是發下來了。

接下來的探視狀況愈來愈糟糕，就算媽媽故意不給爸爸看孩子，爸爸的強制執行也因為保護令的存在，而都被法院給駁回。爸爸的探視方案可說是成了「看得到吃不到」的笑話。

更糟糕的是，自從保護令核發後，爸爸接到了雪片般飛來的傳票，每一張都是媽媽要剝奪爸爸「共同監護」權利的訴訟。爸爸一步一步的退讓，從一開始駁回媽媽的訴訟，後來在法官的「協助」下，慢慢的把財產、醫療、住處等權利一個個都

讓給媽媽。最後，爸爸的監護權成了空殼。

因為愛所以堅持，我也想參與女兒的人生

「你的監護權都只是空殼了，你到底在堅持什麼？」思緒回到調解室，媽媽訕笑著又補了一句。爸爸想反脣相譏，但想破了頭，也不知道為什麼他要堅持這個一點意義都沒有的監護權，他眼神漸漸迷惘了起來。

「因為他愛喬喬。」這句話竟然是由我來說，其實我一直躊躇要不要插話，畢竟一般來說，律師的角色是不會回答這種感情問題的。為了讓雙方都能聽懂，我捨棄了平時文謅謅的法律用語，說：「爸爸就是『直男癌』末期，他應該從來都沒有告訴妳，更別說告訴喬喬他愛她了。漸漸的他連自己很愛喬喬這件事情都忘記了。他雖然也沒跟我說，但是一個為了讓喬喬過好生活，兼了三份工作，為了喬喬生活方便，願意把大部分監護權讓給妳，為了怕喬喬跟妳難交代，願意縮減自己探視時間的爸爸，我很難相信他不愛喬喬。」

停頓了一下，我接著說：「為什麼爸爸就算只剩下一個監護權的空殼，還要堅持共同監護？就是因為他愛著喬喬，他想對女兒的人生有參與。就算所有的事情都交由媽媽決定也行，但是如果剝奪了爸爸的所有監護權，那他在喬喬生命中到底還剩下什麼？提款機嗎？」

媽媽驚訝的看著我，再看看爸爸，她從來不知道，每次都提早送喬喬回家，簡單說聲再見就轉頭離開的爸爸，原來心裡有這麼多不捨，她還以為爸爸不喜歡探視。但最令人啼笑皆非的是，爸爸也很驚訝的看著我。「你怎麼為女兒做了這麼多，連自己愛女兒都不知道啊？」我心想。

一味默默付出，還不如一句「我愛你」

愛可以很簡單，也可以很困難。雖然能藉由各種行為觀察出來，但做再多，都沒有一句「我愛你」來得直接。在愛沒有說出口的狀況下，有時候連自己都會漸漸忘記「我是愛你的」這件事。

這個訴訟，就在媽媽的撤回下結束了。走出法院的路上，爸爸告訴我，他只知道自己不想失去監護權，但也不知道自己到底在堅持什麼。爸爸打開他前天為喬喬買的定存保單，也許他真的很愛喬喬吧，但是在每次的探視過程中，他只知道要給予喬喬更好的物質生活，卻忽略了「表達」的重要性，他對於自己的不擅言詞，非常後悔。

從小，學校就教我們如何當律師、如何當工程師，在社會上成功扮演各自的角色，但是好像從來沒有人告訴過我們，要如何表達我們的愛，但也許「我愛你」這句話，跟付出同等重要。如果我們都能順利的表達愛，這個案件的結果，甚至社會上一個個破碎家庭的結局，會不會有不同呢？

「如果我當初有跟她說我愛她，喬喬還會討厭我嗎？」爸爸問我。我拍拍他回答：「不管什麼時候說，喬喬都會知道的。」法院門前颳起了一陣風，塵土吹進了爸爸的眼睛。我們都需要學習說出那句「我愛你」。

聽聽律師怎麼說

什麼是監護權「空殼」？

很多人會誤會監護權是照顧權的意思，但監護權其實是指「決定權」。更白話一點，就是子女需要簽名時，是由誰來簽的意思。

而依據《民法》第一〇五五條，就算是共同監護，法院也可以判決由其中一方單獨決定特定事項。例如，子女要遷學籍卻遇另一方無正當理由拒絕時，就可以讓其中一方單獨決定子女的學籍。一般來說，戶籍、財產、醫療、保險、銀行開戶等比較常見的事項，都可以在共同監護的前提下，判決由其中一方單獨決定。

在如此狀況下，另一方只會剩下在如未成年結婚、拋棄繼承這些比較少見的狀況，保有最終決定權，而他的共同監護權，也就如空殼一般了。

在個案故事中……

喬喬爸死守著的監護權，在法律上其實沒有任何意義可言。但他又還剩下什麼？沒有人希望成為扶養費的提款機，而是能對女兒的人生多參與一分，這樣的心情是可以被理解的。

轉念跟自己和解

愛可以很簡單，也可以很困難。但是如果沒有說出口，有時候恐怕連自己都會漸漸忘記「我是愛你的」這件事。一句「我愛妳」扭轉了故事的發展，讓媽媽撤回了訴訟，也讓爸爸更清楚自己有多麼愛女兒。

Chapter 14

我不甘心！明明我們一開始這麼相愛

「我已經跟妳道歉過好幾百次了，不然妳要我怎麼辦？」阿芬憤怒的向我重複丈夫的話，「律師，換作是你，這樣的婚姻你願意忍受嗎？」面對丈夫外遇，阿芬的求償反反覆覆，物質彌補不了的是心中的不甘……

「我能幫妳拿到賠償、幫妳搶到孩子、也能幫妳確保往後的生活。但妳心中的不甘心，我真的幫不上忙。」我看著屢屢改變心意的阿芬，既無奈又能理解，我知道她想要什麼，但我協助不了。

約半年前一個平凡的午後，阿芬來到我的會議室，「律師，我要離婚。」才剛坐下，不等助理倒上一杯水，她就急切的告訴我自己的故事。阿芬的婚姻很平凡，平凡的戀愛、平凡的婚宴、平凡的喜獲麟兒，丈夫也老套的耐不住誘惑，在外面有了女人。但當他攤牌時，丈夫那死皮賴臉的嘴臉卻讓她傻眼至極。

「我已經跟妳道歉過好幾百次了，不然妳要我怎麼辦？」阿芬憤怒的向我重複丈夫的話，「律師，換作是你，這樣的婚姻你願意忍受嗎？」我沒有回答這個問題，畢竟阿芬已經出現在我的事務所，想必她的心中早已有了答案。「我什麼都不要，我只要脫離這段不忠的關係。」阿芬告訴我。

我只要離婚，其他的都不要

而隨著丈夫的不忠，除了離婚，阿芬明明有賠償、有監護權可以爭取，但我好說歹說都只得到同一個回應：「我只想要離婚，他想要什麼都給他，我現在看到他就覺得噁心。」身為律師，當事人明示不要的東西，我也不好雞婆幫她要。因此，這個案件在她的堅持下，就成了只要離婚，什麼都不要的佛心案件。

「出軌」這件事做為離婚的理由十足充分，而阿芬又別無所求，因此我對調解事宜好整以暇。但我偕著阿芬走入調解室前，還是又忍不住再問了一次，難道除了離婚，真的什麼都不要嗎？「律師，我只想脫離這段已經名存實亡的婚姻。」阿芬堅持，而我無語。

「我真的不懂，你們憑什麼就這樣告我離婚？」自己出軌在先，丈夫這番話令人啼笑皆非，「都不用先好好談過嗎？」他氣憤的說。「所以現在才要談啊！」我無奈的回應。丈夫開始細數阿芬在婚姻中的不是，而阿芬也不甘示弱，在調解委員面前泣訴丈夫出軌對她造成的傷害。

「停！你們等一下，我今天不是要來聽辯論的。」看著抱怨大會已經進行到第二個小時，調解委員終於忍不住打斷了。「你們雙方怨懟這麼多，覺得應該要怎麼處理？」調解委員看似詢問，實則強迫這對怨偶做出結論。「我要離婚。」阿芬說。「離就離，繼續也沒好事。」丈夫附和。既然雙方心意已決，調解筆錄很快的就製作完成。但當那份筆錄放到阿芬面前時，她手上的那枝筆，卻停在了半空中。

這樣好嗎？我不要白白被糟蹋

「律師，你覺得這樣好嗎？」她轉頭問我，阿芬的猶疑我早已預見，有這麼多的權利可以爭取卻白白離婚，誰不會覺得可惜？「簽下去，就達到妳一直強調的目的。但如果有別的想法，妳也可以跟我說。」我這樣暗示，因為我私心希望阿芬能爭取她應有的權利。

「律師，我還是回去再想一下好了。」阿芬想了很久，放棄了今天結案的念頭。既然一方不簽，委員也只能請雙方回去再考慮清楚。「不是要離婚嗎？怎麼又不簽了？」丈夫走出調解室，嘲諷的對我們嗆聲，阿芬怒瞪了他一眼，卻什麼話都沒說。

幾天後，我收到了阿芬的訊息：「律師，我想好了，我不要白白被糟蹋，我要至少一百萬的賠償。」在法律上，對於出軌的另一半求償，雖然市儈，但終究還是得回歸到金錢賠償，雖然阿芬期望的金額比行情高了許多，但是既然她開口了，我就會盡力做到。

「一百五十萬。」在調解室裡我對丈夫說，「這不是漫天喊價，而是你對婚姻的虧欠，我認為一百五十萬是合理的。」這次調解阿芬沒有到場。對一百五十萬這個數字原本嗤之以鼻的丈夫，直到我搬出「贖身費」的概念，告訴他若沒有一百五十萬，那阿芬就永遠綁著他，一輩子都別想跟其他女人名正言順的在一起，他才勉強同意以一百二十萬和解。我帶著結果離開調解室，就等阿芬下次來簽名。

但阿芬知道這個消息時，我卻從她的回應中感受到失望不減反增。阿芬坐在會議室，雙手微微發抖。「律師，我想了一下，我覺得再多的錢對我都沒有意義。但孩子是無辜的，孩子交給他那種人我不放心，孩子要跟著我，我才願意離婚，錢我不要了。」阿芬的說法讓我感到荒謬，提出離婚的她，反倒開始拿著離婚當籌碼？

但好笑的是，現在的立場還真的顛倒過來了。為求「脫身」的丈夫，不要說監護權了，甚至連阿芬氣到忘記跟對方要的扶養費，在我與調解委員的充分合作下，丈夫也同意負擔全額。

心有不甘，刁難對方成了生活重心

但聽到阿芬知道這消息時的語氣，我就知道她又改變心意了。「律師，我覺得……」阿芬剛開口，我就打斷了她。「妳是不是覺得監護權又不是妳想要的了?」我問。「對……」阿芬承認，但連忙補充：「但我不是故意要出爾反爾的，我是突然想到，就算有監護權，但我是家庭主婦，沒有任何資產，就算對方付了扶養費又怎麼樣，我需要有住的地方，其他都不要。」為了讓自己有個安身立命的地方，阿芬要丈夫把名下的房子過戶給她，但要求一棟近千萬的房屋，又談何容易?「房子以外，其他都不要?」我再次確認。「其他都不要。」阿芬十分肯定。

這次花了四次的調解，我們才說服丈夫將房子過戶給阿芬。「你們變來變去的，到底想怎樣?」丈夫既生氣又無奈的問我。是啊!阿芬到底想要的是什麼呢?

雖然連交屋細節都已經談定了，但我心中就是有個預感，阿芬一定不會同意。

如意料中的，阿芬果然又改變了心意。坐在會議室跟她討論的我，臉色並不是很好。「我沒想到他這麼好說話。如果是這樣的話，那我除了房子，之前的扶養費、監護權、賠償，我希望對方也要負擔。」阿芬對於她的反覆不停的向我道歉，但對丈夫的要求倒十分堅決。我沒有馬上回應她，歷經了這麼多次的改變心意，就算丈夫再次答應我們，恐怕阿芬也不會同意。

我盯著阿芬，看到一個受傷的女人正在舔拭著傷口，談判過程對方愈是為難，阿芬愈高興，似乎認為能藉由對方的痛苦來治療自己的傷勢。如同毒癮一般，阿芬沉醉於刁難對方，無法自拔。但當對方選擇妥協時，阿芬頓時失去了這段療傷期間的生活重心，她竟覺得輸了。

「我能幫妳拿到賠償、幫妳搶到孩子，也能幫妳確保往後的生活。但妳心中的不甘心，我真的幫不上忙。」我看著屢屢改變心意的阿芬，既無奈又能理解，我知道她想要什麼，但我協助不了。阿芬愣了一下，想辯解什麼，但還沒開口眼淚便撲簌簌的掉了下來。

明白自己要什麼，才不會深陷其中不可自拔

「離不離婚對妳來說不重要，妳其實只是不甘心，想藉由訴訟折磨對方吧？」遞上幾張衛生紙的同時，我問了從第二次調解時就盤踞在我心中的問題，阿芬沒有回答，眼淚卻一直掉。拿出了錢包，當初丈夫寫給阿芬的情書，她至今仍放在錢包內隨身。我沒有打開那張小紙條，因為再多至死不渝的承諾，看著丈夫寧願損失房屋只求脫身的行為，只是更顯諷刺罷了。

「我真的不知道我想要什麼。」阿芬哭紅了雙眼，打開小紙條，一邊讀著以往的甜蜜，一邊撕心裂肺的問我：「我跟他一開始這麼相愛，我該怎麼做，才能不會這麼不甘心？」我想了一會，看著她認真的說：「也許第一步，就是接受從今以後，不需要對方的愛這個事實。」阿芬想了很久才下定了決心。離開事務所時，那紙情書被留在了會議室的桌上。

終於，阿芬同意了對方的和解方案。為了出軌這件事，丈夫付出了近千萬的房產做為代價，而阿芬簽下協議時，眼神已經沒有了痛苦，取而代之的是堅強，還有一絲故作的漠然。

走出法院，阿芬走在前頭，下午金黃的陽光十分刺眼。「律師，我就這樣放過他，真的好嗎？」阿芬走在前方沒有回頭，這樣問我。我走到她面前，拿出了被丟在事務所的小紙條，「這個，妳還要嗎？」我試探性的詢問，阿芬笑了出來，反問我：「我要這種東西幹什麼？」

「那看來，其實妳不是放過丈夫，而是放過自己。」我也笑著回答，阿芬早就從自己的反應得到了問題的答案。而那張小紙條，也被我們隨便丟進了捷運站的垃圾桶。

遭到深愛的人背叛，第一反應是要報復回去，這很自然，也沒有不對。藉由讓對方痛苦，確實能得到一時的慰藉，但往往忽略了自己所付出的成

本。無論是何種原因，面對離婚，你得知道自己到底想要什麼。我不想假清高的告訴你報復是不對的，你總是會需要一點「報仇雪恨」來平復自己的委屈，但當你把報復當成唯一目標時，真的會因此感到快樂嗎？這個問題的答案，我想阿芬比你我都更清楚。

聽聽律師怎麼說

出軌，能獲得什麼賠償？

一般離婚案中，無論對方做了什麼，大多數的家事法院是不談賠償的。只會處理婚姻、監護權、扶養費這些與家庭有關的部分。也因此讓許多遭受出軌、家暴所苦的當事人，需要另外去普通民事法院提告求償，除了耗時耗力，也多了一筆律師費支出。

如今，通姦已經除罪化而不再會被國家處罰，雖然被害人仍然可以求償，但期待出軌賠償金的人可能會大失所望。在一般案件中，就算你拿出跟拍到旅館的證據，判決金額大都落在二十至五十萬元之間，相比遭受到的屈辱、婚姻中的痛苦，可說是杯水車薪。因此，較有經驗的律師大都會抓著監護權、離婚等籌碼，嘗試在離婚調解過程中，一次性幫自己的當事人爭取比判決行情還高的賠償。

在個案故事中……

我能幫阿芬爭取到賠償、爭取到孩子的監護權，也能幫忙她確保往後的生活。然而解鈴還須繫鈴人，她的不甘心終究得自己解鎖，放過自己才能海闊天空。

轉念跟自己和解

被深愛的人背叛，報復是很自然的反應，無非是希望能藉此獲得一時的慰藉。但是，卻也往往忽略自己付出的成本。無論離婚的原因為何，你都必須很清楚自己要的什麼，才不會把報復當成唯一目標，反而讓自己陷入痛苦的循環。

Chapter

15

我真的不是自願，只是想要有人陪

才國中的小茜和網友發生了關係，爸爸怒不可遏氣呼呼提告。小茜也哭著說自己不是自願的，但證據最後竟顯示她多次主動，真相到底是什麼？

在事務所偷閒的下午，我沖著咖啡，手機突然跳出通知。撇頭一看是小茜傳了訊息過來，她更新後的大頭貼吸引了我的注意，那是一張小茜與爸爸在家吃著披薩的合照。案件已結束數年，小茜那一貫靦腆的微笑，比什麼都還真。我不禁想起，當時這個女孩哭著問我的問題。我漸漸放慢手邊的動作，回憶起當時的情景。

會議室裡一片沉默……「怎麼跟妳說的不一樣？」爸爸顫抖著，因憤怒而慘白的嘴唇只能吐出這句話。小茜低著頭，看著全黑的手機螢幕，沒有任何回應。

幾個月前，小茜被爸爸帶到了事務所。「律師，你一定要幫我女兒討公道！對方真的太變態了！」爸爸怒不可遏，因為他的寶貝女兒小茜，竟然遭到性侵！

小茜今年才國中，卻迷上了交友軟體。在形形色色的社會人士中，他跟阿拓特別聊得來，沒想到話題卻愈聊愈偏，最終趁著上班空檔，阿拓竟將小茜帶回家發生了關係。「我女兒才國中！那個阿拓明明知道，卻還是把她帶回家去……做那種事情！」爸爸根本沒辦法接受自己的女兒遭遇到這種事，「要不是小茜跟我說，誰知道她遇到這種人渣！」

其實，我不認同爸爸的做法，要知道，遭受性侵害的人並不會喜歡別人把這件事拿來嚷嚷。我看小茜雖然眼睛直勾勾的盯著我，卻一句話都沒說，於是便提出了一個要求：「也許，你在這邊小茜會覺得有壓力，反正之後也是我跟小茜去開庭，不知道爸爸能不能先在外面等呢？」爸爸欣然同意，走出會議室前還千拜託萬拜託我要幫忙。

對話紀錄可以證明，但妳為什麼如此驚慌？

關上門，我便開口問了：「能跟我說嗎？」小茜猶疑著，好不容易才願意開口：「就跟爸爸說的一樣，阿拓跟我有做。」接著，小茜跟我講了跟阿拓認識的過程。阿拓是一個很普通的上班族，長相很普通，興趣也很普通，兩人聊天也不是特別熱絡。當天跟阿拓出門本來只是要吃個午餐，沒想到卻到了他家，看了場電影，事情就發生了。「我不是自願的。」小茜特別強調。

爸爸回來後表示，小茜完全沒有要發生關係的意思，但阿拓竟然硬把小茜帶回家，在人生地不熟又沒有人可以求援的狀況下，小茜只好半推半就的與阿拓發生關係。爸爸憤怒的簽署了委任，「律師，你一定要讓那個變態付出代價！」留下一句話後，便離開了事務所。

送走當事人後，我開始著手尋找阿拓的真實姓名，也多虧現代人對於資安的不謹慎，很快的我就找出了阿拓的個人資料。在所有資料都已備齊的狀況之下，地檢署很快的開了第一次的庭。

「嗯……對方表示，不知道小茜未成年喔！小茜，你有跟他說過嗎？」檢察官翻著對方的筆錄，如此詢問我們。「我真的有跟他說過，有對話紀錄。」小茜焦急的為自己辯解，雖然檢察官也沒有質疑她的意思。「那麼，大律師麻煩你們整理一下對話紀錄提出喔！」檢察官如此交代，便結束了開庭。

走出偵查庭，我叫住小茜問：「對話紀錄，可以借我看一下嗎？」小茜瞥了一眼手中的手機，竟露出驚慌的神色，在我追問前，就看到爸爸從遠處走過來。「開得怎麼樣？」爸爸焦急的問。「我們需要提出小茜講過自己是國中生的證據。」我據實以告，「不過不用擔心，小茜說有對話紀錄。到時我們來研究一下。」我看了一眼小茜，決定忽略她的異常。聽聞後，爸爸便領著小茜向我告別。

眼前的情況，我怎能苛責當事人說謊？

過了幾天，我請父女兩人到了會議室，原以為只是單純的尋找證據，沒想到爸爸再度怒不可遏。「妳到底！為什麼！要這樣做！」爸爸不敢置信的詢問坐在會議桌對面的小茜，但小茜低下頭，沒有做出回應。為了尋找手機裡的有利證據，小茜與爸爸來到會議室，沒想到她卻把對話紀錄統統刪掉了！這下可好，什麼證據都沒了。只差一步就要起訴了，卻因為小茜的行為，導致這個案件可能不了了之。

面對毫無證據的案件，我們也只能從小茜的外觀分析對方知情未成年的可能，並要求檢察官查扣對方的手機。但也做好了不被採信的心理準備，沒想到幾週後寄來的，竟是檢察官的起訴書。

原來檢察官除了相信我們的說法，也在阿拓的手機裡發現了還沒刪除的對話紀錄，剛好證明小茜確實有跟他提及自己的年紀。只是，過了幾週後首次看到卷宗的我，就發現情況不對勁，而緊急聯絡了小茜跟爸爸到事務所。

他們一抵達，爸爸便被我請出了會議室。一看到我的神色，小茜馬上察覺有異，我還沒有說出半個字，她就羞愧得低下頭。「妳不要緊張，我沒有怪妳的意思，我只是想知道那天到底發生什麼事。」我低聲安撫小茜，平時我是不能接受當事人說謊的，但遇到這種事情，我又怎麼能怪罪當初沒有說實話的小茜呢？

攤開從法院印回來的對話紀錄，確實清楚證明阿拓知道小茜的年紀，但問題在於關鍵的那句話竟是：「哥哥，你想要試試看國中生嗎？」更別說後續小茜主動傳送的數十張裸照，以及除了我們提告那次以外，多次邀約發生關係的對話紀錄。換做是一般人看到，都會覺得小茜是自願的，但看過這麼多受害者的我，卻不敢這麼肯定。

失望的感覺她比誰都懂，只是希望有人陪

「小茜，對我來說，這種對話紀錄不能代表『當下』有同意。上次妳說不是自願的，我相信妳了，但到底發生什麼事了？妳能說得清楚一點嗎？」我補充，小茜可能本來以為會受到責罵，但我的反應出乎了她的意料，驚訝的看著我。「我……是真的不想，但是我又不能不做。」小茜講了一句模稜兩可的話，我沒有追問，只是靜靜的等她說下去。

爸爸對小茜很好，可能是想補償她沒有媽媽的童年，所以全心全意只想給小茜更好的生活。而小茜也是個體貼的孩子，看著爸爸披星戴月，她不敢打擾爸爸，雖然幾乎要什麼買什麼，但也不會要求太多，雖然沐浴在同學羨慕的眼神中，但她一直覺得好像少了點什麼。

然後她就遇到阿拓了，小茜知道他想要什麼，雖然對阿拓沒什麼感覺，但對阿拓的陪伴也沒有不喜歡。從一開始的約會逛街，到後來的擁抱接吻，小茜漸漸發現阿拓愈來愈難滿足。終於，拗不過阿拓的要求，兩人發生了關係。

小茜不喜歡與阿拓的身體接觸，但阿拓被拒絕後的失望表情，讓她彷彿看到了睡前等不到爸爸回家的自己。一次又一次，小茜開始對於在阿拓家那種「醒來後會有人在」的感覺無法自拔。隨著時間經過，發生關係竟成了在阿拓家待著的代價。為了能待在阿拓身邊，她一次又一次的主動要求發生關係。

「我這樣算自願的嗎？」小茜問我，她的臉上早已爬滿淚水。這個問題從法律角度來說十分簡單，但人性遠比法律想的複雜。我看著小茜，跟她說：「不管妳是不是自願，重要的是妳接下來希望怎麼做。」

她真的不是自願，只是找到欠缺的東西

爸爸進來時，對小茜的眼淚十分驚訝，但驚訝很快就轉變成憤怒。「怎麼跟妳說的不一樣？」他憤怒的質問小茜。「不是說只有一次？不是說妳是被強迫的？」爸爸的音量愈來愈高。

小茜沒有回應，在爸爸還來不及繼續怒罵的時候，我即時插了嘴：「小茜，真的不是自願的。」爸爸狐疑的看著我，明顯就是主動邀約阿拓，怎麼不是自願？「小茜她需要你，你是好爸爸，但不是完美的。她從阿拓身上找到了欠缺的東西，因而跟阿拓持續交往。雖然不願意，但卻自願付出代價。」我解釋。

「什麼不願意又自願……」爸爸還是不能理解。「你多久沒有好好跟小茜坐下來吃飯了？」沒有再解釋，我反過來問他。爸爸沉默了，因為這件事情早就已經不可考。「不管小茜是不是自願的，對方都已經犯罪。只是我比較關心，會不會還有第二個阿拓出現。」我繼續說：「小茜需要的是你、是爸爸，你很努力扮演好爸爸的角色，但對小茜來說，重要的是早上起來時，她能在家裡找到人。這點阿拓做到了，因此才會被趁虛而入。」

物質與精神的天秤失衡，遺憾不一定能修補

爸爸無力的癱坐在椅子上，一時之間沒辦法接受。他沒想到自己維持家庭的努

力，最後竟成了小茜不得不與陌生網友同床共枕的理由。

「之後要怎麼做，我不知道，再讓我回去想想……」爸爸失魂落魄的帶著小茜離開。目送他們進了電梯，我瞥見小茜的眼神，那是帶著鬆了一口氣，同時隱含著愧疚的眼神。但隨著電梯門關上，我似乎看到小茜慢慢的把手勾上爸爸的手臂。

這個案子，就在爸爸幾天後捎來「和解吧！交給律師處理就好」的訊息後，很快的告了一段落。最後，阿拓得到應有的懲罰，而那筆錢，爸爸似乎也把它捐出去了。

計時器響起，把我從回憶裡拉回現實。悶蒸夠久了，我緩慢且穩定的對著浸潤的研磨咖啡豆沖下了熱水。看著冒著煙的咖啡粉被沖散，我想起小茜爸爸當時坐倒在椅子上的頹然模樣。他為了讓子女有更好的物質生活而努力著，但在工作消磨了所有心力的狀況下，卻忽略了子女在物質以外更深層的需求。但你能說他是不盡責的父親嗎？只是缺少陪伴所造成的傷害，並不是每個人都能像小茜與爸爸一樣幸運，能找到修補的機會。陪伴，比什麼都重要。

聽聽律師怎麼說

跟未成年人發生關係，需要負什麼責任？

很多人以為只要對方滿十六歲就不會有刑事責任，但其實這個觀念是錯誤的。跟未成年人發生關係，除了大家熟知的《刑法》之外，還需要注意《兒童及少年性剝削防制條例》的規定。

具體來說，與未滿十四歲的兒童發生性關係，可處三年以上、十年以下有期徒刑；與十四至十六歲的少年發生關係，最高可處七年以下有期徒刑；而與十六至十八歲的少年發生關係，原則上不處罰，但如果牽涉性交易，就會違反《兒少性剝削條例》，最高處三年以下有期徒刑。

民事賠償方面，被告除了要賠償少年本人，也需要向少年家屬賠償，而大多數的判決金額是落在數十萬元之間。

在個案故事中……

許多少年發生關係時，都無法準確回答是不是「自願的」。畢竟，在對性事還懵懂的年紀，根本沒辦法確認自己的意願，只會知道若發生性關係，就「有利可圖」（不僅是金錢，也可能是陪伴、同儕認同、親密感等）。無論如何，還是有賴親子之間的溝通，才能避免憾事發生。

轉念跟自己和解

爸爸雖然感到憤怒，但他在知曉女兒「出格」行徑背後，是源自缺少親情的孤單，看見女兒的需要，最後做出和解決定。陪伴，有時候比什麼都重要。缺少陪伴所造成的傷害，並不是每個人都能像小茜與爸爸一樣幸運，還有機會修補。如果爸爸可以騰出一點時間來，就算只是吃頓飯或聊聊天，相信都能讓小茜更明白，並且感受到爸爸的陪伴與關懷。

Chapter 16

你不是我的家人，只是公認的好人好事代表

原本靠著低收補助勉強過活的勇伯，今年社會局突然查到他兒子阿銘的收入，導致勇伯高過低收標準，讓他不得不向子女請求扶養。然而，勇伯的兒子卻堅決一毛錢都不願意給。沒有家暴、沒有棄養，勇伯窮到是低收入戶，阿銘收入穩定，他為何如此鐵石心腸？

「我真的不知道，你眼中有沒有我們這些家人的存在。」怒極反笑，阿銘向父親勇伯撂下狠話後，連正眼都不願再看一眼，便離開了調解庭。

兩個月前，我坐在會議室裡，無奈的看著桌上的紅包。「簡律師，真的要麻煩你了。」勇伯把紅包推到我面前。「勇伯，拜託你不要這樣，我不收紅包的。」我把它推了回去，這不是客套，也不是沒收過謝禮，但我從沒想到竟然有紅包會讓我收得這麼有負擔。那足足是勇伯半個月的生活費，是要我怎麼收？

不斷自責「對家裡不好」，究竟哪裡出問題？

透過法扶找到我的勇伯，原本靠著低收補助勉強過活，沒想到今年社會局突然查到勇伯兒子的收入，導致勇伯高過低收標準，讓他不得不向子女請求扶養。贏了也罷，輸了也剛好能跟社會局交代，請他們恢復勇伯的低收身分。

「勇伯，你以前有跟小孩一起住嗎？」請求扶養的案件，很多是因為父母疏於照顧造成子女怨恨，進而不願慈烏反哺。但看著勇伯從走進會議室時欲言又止的態度，我還是決定拐個彎來問。「阿銘是成年後才搬出去的。」勇伯這樣回答：「只是……我們已經好久沒有聯絡了……」他盯著桌面向我補充。

到底發生什麼事情，讓阿銘不願意扶養他的爸爸？勇伯說不出個所以然，只是一再跳針強調自己對家裡不好，糾結了一個小時我終於放棄，接下這個案件。沒有家暴、沒有棄養，勇伯窮到是低收入戶，阿銘收入穩定，這個案件幾乎是穩贏。但勇伯那糾結的神情，以及那句「我對家裡不好」，還是讓我覺得哪裡不對勁。

起訴狀送到法院後，很快的法院訂了第一次的調解庭。我才剛抵達法院門口，就看到勇伯在旁跟我招手，「簡律師，這邊這邊。」勇伯對著我喊。「幹嘛偷偷摸摸的？」我狐疑的問。「我兒子……他已經到了。」探頭探腦的，他盯著調解室猛瞧。「以前到底發生了什麼事情？」看到神情緊張的勇伯，我還是鍥而不捨的再次追問。「我……我說得不準啦！你聽阿銘講吧！」勇伯搖搖頭，除了責備自己，還是不願意講清楚，看來這個問題的答案只能問對方了。

幾十年來沒消沒息，你怎麼好意思告我？

「你們……是誰要先講？」調解委員看著不發一語的兩人，有些不習慣的提議。通常積怨已久的雙方進到調解室，不是互相指責，就是忙著表達委屈，但像這樣一方死盯著，另一方卻一句話都不敢說的狀況確實少見。

「這麼久不見，你怎麼好意思告我？」阿銘冷冷的說。「我不是要告你……是因為補助款……」勇伯急著要解釋，卻被阿銘打斷：「你不用解釋這麼多，過了這麼久，你還是沒把我們這些家人放在眼裡，就跟以前一樣。」勇伯聽完後自責的低下頭對著我嘟囔：「律師，還是我們不要告了……」調解委員翻閱著卷宗資料，看到勇伯的經濟狀況，開始苦口婆心的勸告阿銘要懂得慈烏反哺。

「委員，我知道你覺得我爸很可憐，但你不清楚實際狀況，不要隨便亂勸。」阿銘強硬的拒絕勸說。委員看著阿銘的堅持，也判斷沒有講和的希望，於是決定跳過調解，讓這個案件進入訴訟。

走出調解室，勇伯鼓起勇氣，操著台語向阿銘搭話：「你聽我說啦！我真的不是要給你告！」卻被阿銘甩開手，「不然呢？幾十年沒你的消息，結果第一次收到消息是法院通知？你從以前就這樣，家人發生什麼事情你都不管！」阿銘憤怒的說，勇伯想否認，急得眼眶就要泛淚，但阿銘依然不願聽他解釋。「我真的不知道，你眼中有沒有我們這些家人的存在？」怒極反笑的阿銘向勇伯撂下狠話後，連正眼都不願再看一眼，便離開了調解庭。一直等到阿銘走遠，勇伯這才頹然的倒在一旁的座位區。

我跟了上去，一場莫名其妙的調解，雙方好像都講了什麼，卻都不講清楚。在法院門口我終於攔下阿銘，「律師，有什麼事嗎？」一改剛才的激動，勇伯不在時阿銘冷靜多了。「我相信你有你的理由，但可以跟我說嗎？否則勇伯看起來就是那麼可憐，全部人都以為你是壞人，這樣也不好吧？」我嘗試說服阿銘。「你為什麼不去問問你的當事人就好？」阿銘反問我。「我總不能只聽單方面的說辭吧？」我笑著回答，因為不想暴露勇伯的想法，所以我迴避了這個問題。

外人眼中的好人好事代表，竟淪落到家產散盡

「聽雙方的說法，是法官的工作吧？」阿銘笑著反駁，但眼中卻沒有笑意，轉頭就要走。我連忙喊住阿銘，「你知道這場官司會輸對吧？我有方法可以讓你不用付錢，勇伯也可以繼續生活。」

在科技業擔任主管職的阿銘可不是笨蛋，說什麼都不想扶養勇伯的他，卻沒有請律師答辯，最有可能的原因，就是諮詢過後律師告訴他，這場官司請律師的效益也不大。眼前他的反應，果然印證了我的猜測。阿銘愣了一下，走回來問我：「你有什麼辦法？」「你要先跟我說，為什麼你不願意養爸爸？」我開出交換條件。堅持了一會，阿銘只好開始講起他們家的故事。

原來，勇伯是好人好事代表。這點連阿銘也不得不承認，樂善好施的他兼任里長幾十年，鄰里之間總是稱讚：「有什麼問題，勇伯都會盡力幫忙。」從親戚投資失利，到鄰居家裡有急用，或是樓下要搬家，要錢出錢、要力出力，只要有人開口，勇伯都會忍不住出手幫忙。「他的好早就超過自己的能力所及。」阿銘說。

勇伯身為公司高層主管，雖然不是大富大貴，但也算是收入頗豐，照理說就算妻子在家相夫教子，全家也應該衣食無虞才對。「但在我的記憶裡，媽媽沒有一天是晚上十點前回家的。」阿銘表示，勇伯的錢大部分都拿去做善事了，母親為了貼補家用，同時兼了三份工作，回家後還要忙東忙西。至於勇伯呢？他確實也在忙東忙西，只是忙的都是別人家的事。

諷刺的是，付出善意的勇伯，並沒有得到善意做為回報。錢借出去後就再也找不到人的占了半數以上，就算乖乖還款，常常也是有一期沒一期的。勇伯沒有心力，也不願透過法律追討，漸漸的勇伯從幫助別人，成了需要被幫助的人。為了貼補家用，阿銘一成年就馬上離家賺錢，一路晉升到科技公司主管，但勇伯依然繼續散盡家產，就只為了「行善」。最後，當妻子因為操勞過度而離開時，勇伯竟連個像樣的喪事都無法負擔。

家人就應該同甘共苦？

「養大我的是我媽。至於他，就交給他幫助過的人來養就好了。」阿銘咬著牙說。我想，就算法律上不能這樣做，但阿銘心中的這份憤恨，對他而言就是跟勇伯斷絕關係的最好理由。「律師，你也不用跟我說要怎麼弄了，你答應過我，反正我是一毛錢都不會付的。」阿銘說完立刻轉身離開，我沒有攔著他，沒想到身後傳來勇伯的聲音。「你恨爸爸嗎？」不知道何時出現在我們身後的勇伯，對著走出法院的阿銘喊了一句。阿銘停頓一下卻沒有回頭，便走出我們的視線。

勇伯坐在法院門前的花圃，我看著他，等著他解釋些什麼。「律師，你不用這樣看我，阿銘說的都是事實，我是好人好事代表，但不代表我是好父親。」勇伯喪氣的說道。「你為什麼這麼堅持，要行善到這個地步呢？」我不解的問：「你看，陸續借出去的錢都沒有回來，你怎麼還會願意借？」勇伯的行為已經不能解釋成是善意了，簡直就是傻。「為什麼你寧願對家人這麼苛刻，也要去幫助別人？」我真的無法理解。

拋出一連串問題後，我沒有催促勇伯。他想了很久，才抬起頭來苦澀的說：「可能是因為，我覺得家人要跟我一起同甘共苦吧？」但問題是，你的家人只有苦沒有甘，這句話我放在心裡，最後還是沒有說出來。

這個訴訟，就在勇伯向法院當庭承認對家中疏於照顧後，以我們的敗訴畫下句點。阿銘對於這個「坦白」十分詫異，但也沒有再說些什麼。既然法院判決阿銘不用扶養，兩個月後社會局便恢復了勇伯的低收身分。一切手續辦理完成後我在社會局告別了勇伯，他萬分的感謝我，似乎了卻了一樁心事，但當我回頭看到他盯著存摺眼中的那份落寞時，心中產生了千絲萬縷。一切又回到當初，勇伯繼續用低收補助過活，而阿銘的人生也繼續跟勇伯維持著兩條平行線。

熟悉生輕蔑，面對我們最親近的人，往往會誤以為「你有義務忍受」，但對毫無關係的外人，卻反而大方以對。只是最好的一面，不是應該呈現給最愛的人才對嗎？「兼愛」這份墨家的思想，在連自己最愛的人都照顧不了的情況下，把自己的愛分給無關的人，真的是對的嗎？關愛，是給最親近的家人，只是對他的家人而言，勇伯只是個外人。

聽聽律師怎麼說

關於法院裡的「獨孤求敗」？

其實，有很多老年人是靠著每個月七千多元的補助在過活的，他們可能年輕時比較「漂泊」，沒有盡到扶養義務，老了也摸摸鼻子自行謀生，不好意思再麻煩幾乎素昧謀面的子女。

但每年社會局都會進行抽查排富，若子女有一定收入，很可能導致補助被撤銷。雖然未扶養子女，子女依法也不需慈烏反哺，社會局大可依據俗稱社會救助五三九的規定，把不用扶養老人的子女排除計算，但大部分的機關為了不要扛責，都會要求老人提告自己的小孩來索討扶養費，等到法院真的判決老人敗訴，背書了小孩不用反哺時，才能恢復補助身分。

這就尷尬了，四十年沒見的父母，一來就是張起訴狀，常常讓原本已經不親的關係變得更加仇恨。無論老人如何解釋自己只是要求敗，但一旦輸了就要支付當初拋棄自己的父母扶養費，又有誰會相信他們口中這個「求敗」不是一個放鬆警惕的計謀呢？所以這些「獨孤求敗」在法庭中，常常都會遭到子女的迎頭痛擊，等到恢復了補助身分，大概也會像勇伯一樣，跟子女永遠是平行線了。

在個案故事中……

勇伯是好人好事代表，但他的樂善好施卻超過能力所及的範圍，甚至要求家人一起「同甘共苦」。只是對家人而言，一直以來都是只有苦、沒有甘，最後導致心生怨懟，終究成了兩條平行線的「外人」。訴訟的結果，法院判決阿銘不用扶養，而勇伯也繼續領他的低收補助過生活。

轉念跟自己和解

勇伯雖然愛家人，但他卻更愛外人，使得最後兒子與他劃清界線。兒子對勇伯的疏遠，以及勇伯對兒子的虧欠感，使他不執著於勝訴，逼迫兒子扶養自己，而是在法庭上承認自己疏於照顧，選擇敗訴，親情雖然幾乎磨盡，但至少勇伯可以維持生活，也不打擾到兒子。

Chapter 17

孩子不是被探視的客體，是天性使然想與父母相處

離婚後長達一年看不到女兒，憤怒的父親怒指母親百般阻擋，怨恨的母親則激動不解傷害家庭的人為什麼還能看孩子。一來一往的攻擊中，女兒困惑的問：「我是不是做錯了什麼呢？」

「我已經一年沒看到女兒了，我到底該怎麼辦啊律師？」在我面前的是一位爸爸，或者大家會說，是一位家暴者。離婚前他對家庭的付出有目共睹，平常是好好先生的他，沒有人知道私下還有這麼一面，包括他自己。

雖然不是因家暴離婚，但當時還是弄得不太好看，法官也將子女判給了媽媽。即便對這個結果不太滿意，但爸爸每個月還是願意拿出比行情更高的扶養費，畢竟那是他的女兒，女兒是他的全部，而他的全部，也都是屬於女兒的。

為了揭穿謊言，竟在樓下盯哨尾隨跟蹤

原以為，雖夫妻恩斷義絕，但至少女兒的血緣是切不斷的。只是當他想探視女兒時，媽媽便提出「女兒累了在睡覺」、「今天幫她安排了其他行程」、「女兒懶得出門」、「我今天很累」、「我沒空」等各種理由來拒絕，甚至最後直接失聯，連理由都懶得想了。一次、兩次、十次，隨著被放鴿子的次數愈來愈多，爸爸也愈來愈不滿。「我一定要戳破她的謊言！」

帶著這樣的想法，他竟然在樓下盯哨，隨著媽媽在本來應該探視的時間帶著女兒出門，他一路尾隨，並親眼見她一手接起電話，另一手牽著女兒逛街，睜眼說瞎話的告訴他女兒在睡覺不能探視。當場他失去理智，衝上前抱起女兒，大聲斥責媽媽怎能這樣騙他？

媽媽無法詭辯，反而開始責怪他的跟蹤行為並直接報警。警察到場後，無論爸爸怎麼跟警察解釋，但看到被嚇哭的女兒，無論是誰都會覺得他是個控制前妻的恐怖前夫，現在竟想強行搶走女兒。百口莫辯，爸爸就這樣被送進了警局。

原以為法官能理解他的困境，沒想到法官告訴他，無論你是想看到女兒還是其他原因，跟蹤、騷擾、強拉子女就是不對。面對他憤怒質疑媽媽憑什麼不讓他看女兒？法官擺擺手，頭也不抬的說：「那你去告她啊！就像她告你一樣。」爸爸無語，保護令就這樣發了下來。他被禁止靠近媽媽的生活範圍，但法官也跟他保證不會影響探視，還是可以依照原本的約定跟小朋友相處。

以「女兒被你嚇到」為由拒絕探視

只是，自從保護令核發後，媽媽就開始堂堂正正使用「女兒被你嚇到」這個理由，不讓爸爸看女兒。爸爸雖然嘗試講道理，解釋法官明明也表示了保護令不影響探視，但媽媽只留下一句「不然你來告我啊」就封鎖所有聯絡方式，拒絕溝通。

坐在我面前的爸爸告訴我，這一年，他的女兒都不知道長高了多少、認識了多少新朋友，就連讀哪所學校、喜歡吃什麼，他全都不知道。女兒人生中，完全沒有他這個角色，只有在扶養費遲匯時，媽媽才會傳來訊息揚言再不給就要告他。他非常氣憤，問我到底該怎麼辦？

我點了點頭，沒有回答他的問題，請他先去另一間會議室待著，隨後將媽媽請進會議室。這對夫妻都是我的老客戶，但當兩人同時向我求助時，我實在沒辦法幫助任何一方，於是改變身分當起了他們的「調解委員」。媽媽走進會議室，盯著我幾秒後開口問：「他跟你說了什麼？」我笑笑回應：「真的告訴妳了還得了，還談得下去嗎？」她聽聞也笑了出來，拉張椅子坐定位後，開始跟我說她的故事。

當初是你拋棄「丈夫」身分，現在怎麼有臉搶小孩？

「那個男的憑什麼看小孩？」她不滿的表示。沒錯！他是個有錢、帥氣、待人和善、脾氣穩定的好丈夫，好到她無福消受，竟把愛分給了外面的女人。當丈夫提出離婚時，她還以為他在開玩笑，等到丈夫為了外面的女人搬出了住處，她才發現自己的家已經分崩離析。

當初結婚時，丈夫信誓旦旦的跟她說會養這個家一輩子。於是，她放棄了她的工作、放棄了她的人生。但當女兒出生時，她覺得一切犧牲都值得了，因為女兒就是她的一切。當然，樂不可支的丈夫更努力工作、努力對母女兩人付出。她覺得自己是世界上最幸福的人，她願意付出所有，維持這樣的生活不要改變。

「我要離開妳了……沒有為什麼，但我還是會盡到父親的職責。」沒想到才過了兩年，她的婚姻生活就隨著丈夫的這句話，畫上了句點。丈夫搬離的那晚，不管怎麼哭、怎麼問，她都得不到任何答案。她不明白他為何突然要拋棄「丈夫」這個身分？直到失魂落魄走在路上遇到了丈夫與「她」，才終於心死，並提出離婚訴訟。但卻沒想到丈夫竟還有臉跟她搶小孩，幸好法官還算有點人性，沒讓那背叛家庭的人取得扶養權。

在街上發生拉扯的那天，她是真的很害怕。也許欺騙丈夫的行為確實不好，但憑什麼丈夫就可以跟蹤？這可是犯罪！難道可以相提並論嗎？當天在大街上大吵真是丟臉死了！女兒也被嚇哭了，但丈夫卻一點都不關心，只顧著自己想要看女兒的心情，自私至極。

孩子沒有背叛任何人，只是想與自己的父母相處

我翻看著當初離婚訴訟時，社工製作的訪視報告，指著上面問媽媽：「上面寫女兒沒有對爸爸產生不良反應，也很想爸爸，那不想讓女兒看爸爸的考量是什麼呢？」不是爸爸看女兒，我故意反過來問。「都已經拋棄這個家了，律師，你覺得他有什麼資格看小孩？」媽媽氣憤的反問我。我沒有回答，回到爸爸所在的會議室，他還是一臉絕望。

「我知道你有很多事情都沒告訴我，這很正常。」爸爸聽聞我這句話，本來想解釋卻被我阻止。我繼續說：「其實，對方不讓你看小孩，完全沒有正當性，就只是意氣用事，在我看來是不恰當的表現。」爸爸連忙點頭稱是，但話鋒一轉我繼續又說：「要上法院當然可以，這是你的權利，但你贏了又如何？難道一輩子跟對方搶來搶去嗎？對方現在充滿怨恨，這份怨恨是如何產生的你應該心裡明白，這才是你見不到女兒的原因。想看女兒，就得解決問題，而這個要看你等等的說法。」爸爸看著我，眼神很複雜，但我想他知道該怎麼做。

接著，我請媽媽進來，只告訴兩個人：「女兒，其實沒有背叛任何人。」我同時也向兩人說明了我的法律意見，之後便離開了會議室，希望讓他們自己談談。「對不起。」關上門時，我聽到了這句話，但到底是從爸爸或媽媽口中說出的呢？走到外面，坐在我位置上玩手機的女兒抬頭問我：「我做錯什麼了嗎？」妳什麼都沒做錯，我心想：只是妳承擔了其他人的錯誤。

常常，大人之間的仇恨無法解決，而報仇最好的方法，就是剝奪他最愛的事物，但就這麼剛好，最愛的事物通常就是孩子。而大家也常常忘記，孩子不是一個被探視的客體，他們最自然的天性就是與自己的父母相處。當夫妻無法同住已成定局，是否真的有必要利用你愛的，對方也愛的孩子來報復對方在婚姻中的不是呢？

「谷谷，回家了。」聽到媽媽的叫喚，女兒跳下了椅子，揮揮手跟我說再見。他們在會議室裡談了什麼我不清楚，但透過我事務所的窗戶，我似乎看到午後的斜陽下，雖然這對父母還是沒有任何交談，但女兒一手拉著媽媽，另一手偷偷牽起了爸爸的手。那句「對不起」不管是誰開口，看來都解開了一些東西。

聽聽律師怎麼說

對方不讓我看小孩，怎麼辦？

就算有判決明訂了探視時間，但許多探視方都會面臨各種刁難，舉凡推託、藉口、遲到，甚至直接放鳥，都時常發生。法律上，雖然你可以聲請強制執行，但一點意義都沒有。你一旦聲請強制執行，法院就會命令對方將小孩讓你探視，但只要對方有乖乖給你看那一次，你的強制執行就結束了。很多人會問，那下一次呢？很抱歉，大多數法院都認為你要重新再聲請一次。

只是，從聲請到看到小孩估計也要兩個月，再一次的強制執行也要兩個月，普通人根本沒有心力為了兩個月的一次探視，每天跑法院。

網路上常常會說：「對方不讓你看小孩，可以改定監護，把監護權搶過來！」法律上確實可以這樣做。但實際上，「只有」不讓你看小孩、沒有家暴等情況發生時，成功改定的機率可說相當低。況且小孩在對方的照顧下，常常也會為了討好照顧方，不敢表現出期待探視的樣子，導致對方可以反駁：「不是我不給你看，而是小孩不想看你啊！」

在個案故事中……

也許是因為律師太常處理極端案件，在我們眼裡「合作父母」是非常難能可貴的。遇到這種狀況時，我們大都會採取故事中的方式，嘗試用「談的」來尋找可能的解法。畢竟錯綜複雜的家庭、感情與仇恨，早已經超越法律的極限。

轉念跟自己和解

當夫妻無法同住已成定局，是否真的必要利用彼此都深愛的孩子，來報復對方在婚姻中的不是呢？也許，我們不應該讓孩子承擔大人的錯誤，同時也要時時提醒自己，孩子不是一個被探視的客體，他們最自然的天性就是與父母相處。

Chapter 18

雖然無法金錢量化，卻會寫成最珍貴的回憶

面對先生外遇，小莉寫了起訴狀，控訴自己對婚姻沒有上限的付出，最後另一方卻說不要就不要，這份努力竟沒辦法求償，誰會服氣？

「律師，我為這個家已經付出人生的一切，我的努力在你們法律人的眼裡，統統都不算數嗎？」法庭外，小莉哭喪著臉這樣問我。身為她口中的「法律人」，我還真的一時之間不知道怎麼跟她解釋。

兩個星期前，我手裡拿著小莉自己寫的起訴狀，愈看愈無奈。不過看著她一臉憂慮，我也不便糾正上面的內容，只好旁敲側擊的問：「小莉，法官允許妳這樣告嗎？」小莉抬起頭來看著我，一臉正經的說：「法官沒有不允許，他只叫我趕快去找個律師。」「那就是不允許啊！」我心想。那份起訴狀，不能說寫得不好，無論是人、事、時、地、物，或是小莉為這段婚姻所做的付出，完整條列寫得非常清楚。但最大的問題是，小莉想要的東西不合法。

我求償這些年來對家的付出，有什麼不對嗎？

小莉靠了過來，指著上面的一行內容說：「我為這個家付出了數年的光陰，孩子、房子都靠我打點，甚至放棄了自己的工作，只希望先生能無後顧之憂，我求償這幾年來的努力有什麼不對？」「小莉，針對過去的『努力』，是沒辦法具體求償的，能求償的只有『痛苦』。我真的建議，應該針對先生出軌這件事情著墨。」我回答。

「不是啊！先生出軌是一回事。但過去為了經營這段婚姻所付出的努力，結果都因為他出軌而付之一炬，憑什麼我不能對自己在婚姻期間的付出做求償？」小莉不解的問我。老實說，還真有幾分道理。對婚姻沒有上限的付出，最後另一方卻說不要就不要，這份努力沒辦法求償，誰會服氣？

聽著小莉的故事，我看到了一個事業上小有成就的女人，在難得沒有性別天花板的公司裡職位愈坐愈高。然後，遇到了那個愛她、她也愛的男人，為了滿足先生「家裡有太太」的期待，她毅然決然放棄工作，生了一對小龍鳳，從此，家就是她的職場。一如以往的職場生活，小莉的新職場也經營得有聲有色，「我的媽媽」永遠都是她親愛的寶貝最好發揮的作文題目。然後，毫無預警的，她的生活隨著丈夫在桌上留下的那份離婚協議書驟然崩塌。

「我老公真的一點都沒變。」小莉苦笑著說。當初丈夫愛上的是身為職場女強人的她，而當她不再是職場女性後，丈夫再次愛上的，依然是在工作上認識的另外一個女強人。

「所以律師，我真的要請你幫忙，出軌這件事該怎麼判就怎麼判，但是對於婚姻中的付出這部分，我一定要他補償我。」小莉正色，說出了自己的期望。雖然律師不是許願池，但我還是拗不過她的不斷拜託，接下了這個「於法無據」的案件。很快的，第一次的開庭到來。

為何不能直接求償付出，非得把它變成痛苦？

「大律師，你們的請求內容，真的一定要這樣嗎？」法官苦笑著問我。「是的，對於『婚姻中付出』的這部分，其實付出得愈多，想必婚姻破裂時的痛苦也愈大，這是有其他判例可循的。因此我們主張，求償時一定要把『婚姻中付出』一併考量進去。」拐了個彎，我還是幫小莉想了一個可以間接求償婚姻中付出的做法。

只是小莉似乎不太滿意。

「律師，為什麼不能直接求償我的付出，而是一定要把它變成我的痛苦啊？」小莉不滿的詢問我，而這段話也被法官聽到了。「原告，妳的律師已經很努力在幫妳想辦法了，因為妳的主張在法律上根本行不通。」法官竟主動幫我說話：「婚姻中的努力，本來就是夫妻共同的付出，怎麼可以求償呢？」聽到法官後面這段話，我不用回頭看小莉的表情，就知道慘了。

「什麼叫做『怎麼可以求償』？」小莉拉高聲調：「法官你有沒有想過，你今天坐在這個位置上，大家都敬重你，但你知道自己小孩衣服的尺寸嗎？你知道你身上穿的衣服，用什麼洗衣精清潔才會好穿嗎？你衣衫筆挺的，你知道怎麼燙衣服嗎？」小莉不理會我的阻止，愈講愈激動，甚至站了起來，「你沒有一個在背後支持你的妻子，你難道能安心工作？然後你現在跟我說，你妻子的付出統統不算數？」小莉語畢，激動的胸膛劇烈起伏。

法官面無表情的讓小莉把話說完，沒有再做任何回應，只是指示了錄事請法警進來，帶小莉出去冷靜後再繼續程序。「我知道原告有很多委屈，但在我的庭上不會出現這種破壞法庭秩序的行為。大律師，控制好你的當事人，今天是我最後一次容忍這種事情發生。」庭末，法官冷冷的對我說。

法律的求償只能針對「痛苦」，而非「努力」

出了法庭，小莉坐在一旁的椅子上摀著臉，我在她隔壁坐了下來，沒有主動搭話。「律師，我為這個家已經付出人生的一切，我的努力在你們法律人的眼裡，統統都不算數嗎？」小莉抬起頭來問我，身為她口中的「法律人」，我還真的一時之間不知道怎麼跟她解釋。「法律有它的極限存在。我能為妳做的，是在法律的框架下，不論是間接或直接，想辦法實現妳的委託。」我沒有直接回答她，因為小莉問題的答案，只會傷了她的感受。

小莉笑了笑，「我懂你的意思了。謝謝你的體貼，沒有直接回答。接下來就照你的做法吧！只要能補償我的努力，我又何苦執著間接或直接呢？」站起來，小莉就要離開法院。

「小莉，第一次開庭時……」，法官剛剛開庭時的提醒「我『最後一次』容忍這種行為」忽然閃過腦海，但我馬上打住，因為現在並不是談這件事的好時機。「對！律師你沒猜錯，我第一次開庭也發生類似事情。」小莉回頭，苦笑著說：「也許我對法律的期望太高了，才會有這麼失控的反應吧！」

看著小莉離開，我不斷告訴自己，律師不是許願池，只能在法律的框架下盡力協助，沒辦法滿足當事人不合法律的願望。但過了好幾天，小莉眼中那失望的神色，我還是沒辦法輕易忘懷。「也許，我們可以試試看其他方向？」幾天後，對著電話另一頭丈夫的律師，我提出了一個建議：打不贏就和解。我沒想到，套用在這個「會贏，但小莉不會滿意」的案件上，竟也如此適合。

依照過往法院的做法，是不可能把「小莉對婚姻的努力」給寫明在判決書上。畢竟求償只能針對「痛苦」，從來沒有人針對「努力」求償成功。但法院不行，誰說私下也不行？「針對原告在婚姻的付出，被告願補償原告新臺幣……」我草擬的和解條款，在經過數個星期多次調整後，終於被對方給接受。隨著和解條款慢慢敲定，小莉努力的價值也被明文記下，她逐漸開朗了起來。但在和解的前一晚，我接到了小莉的來電。

無論對家庭或婚姻的付出，都有其價值與意義

「明天就要和解了，是發生什麼事，怎麼突然約我開會呢？」已經晚上十點，但小莉的語氣如此迫切，因此我還是願意來一趟事務所。

「律師，我決定不和解了。」一開口就是爆炸性的言論，但我在意的不是數週以來的努力一瞬間化為烏有，而是擔心小莉發生什麼事情了。可能是看到我擔心的眼神，小莉連忙補充：「我沒有發生什麼事情啦！只是……」她開始講起剛剛回到家發生的事。

那對小龍鳳，是小莉最珍惜的事物，她死都不願讓他們涉入父母之間的紛爭，

但隔天都要離婚了，小莉總不能繼續瞞著他們。「但我還沒開口，他們就自己抱了上來。」小莉說，小龍鳳不是在討抱抱，而是用他們短短的手臂環繞住媽媽的腦袋，輕輕的拍著。小莉終究一個字都沒說出口，但止不住的眼淚已經婆娑的滴落在小龍鳳的身上。

「我的努力成果已經在眼前了，難道還需要法官，甚至是對方的肯定嗎？」小莉的淚水模糊了她的瞳孔，但同時也笑著問我。

我想這個問題，根本不需要回答。這個案件，最終還是讓法官判決了。也如一開始意料的，法官對於「努力」這兩個字隻字未提，畢竟妳要法官違法為妳的努力打個價碼，真的是強人所難。但小莉一點都不在意，她看著判決書，打趣的對我說：「法律真的不是常人能理解的，律師收費果然高得有他的道理在。」我尷尬的笑著，無言以對。

在婚姻中，要求雙方接受「付出是應該的」的說法，是違反人性的，每一分對家庭與婚姻的付出，一定有它的價值在。而這份付出，雖難以用錢量化，但難道付出都不算數嗎？看著小莉傳來一張與小龍鳳的合照，上面寫著對我的感謝，我想她的付出，已經獲得具體回報了。

聽聽律師怎麼說

婚姻中的「付出」，要怎麼求償？

法律上，不外乎就是錢。但對於「心力」，法律到底是怎麼看的呢？

大多數的判決，都認為所謂的婚姻付出是指「家庭生活費」與「子女扶養費」。法律規定要照雙方的收入標準來判定，所以法官會去調閱雙方的收入資料，假設一個人五萬元、一個人三萬元，就會以五比三的方式來分攤。而大部分的判決，都會採取每年行政院所公布的平均消費支出（不是最低生活費喔）來計算每人生活費總額。

至於心力部分，大部分的法官還是認為沒辦法認列計算，所以不會考慮。不過也曾經出現過少數判決，認為「照顧心力」也很重要（大部分是適逢爸媽年紀的法官，大概正在經歷照顧幼童的慘烈戰役）。所以如果你擔任主要照顧者，這些法官會酌情認定你可以少付一點扶養費，不過這種法官可遇不可求就是了。

在個案故事中……

身為律師，我只能在法律框架下盡力協助阿芬，無法滿足她不合法律的願望。畢竟法律上的求償，只能針對「痛苦」，從來沒有人針對「努力」求償成功的。慶幸的是，小莉最後也透過小龍鳳的行為表現，感受到孩子對她滿滿滿的愛，終於明白自己在「婚姻裡的付出」，從來就無法用金錢量化。

轉念跟自己和解

沒有任何事情是理所當然，在婚姻中要求雙方接受「付出是應該的」的說法，很明顯違反人性，因為每一分對家庭與婚姻的付出，都有其價值與意義。雖然無法以金錢具體量化，卻會不知不覺一點一滴寫成愛與感恩和珍惜，成為生命裡最雋永的美好回憶。

未完待續，想對你說……

法庭是衝突、是非之地，應敬而遠之。但唯有藉由在法院中一次又一次的衝突，才能發現衝突背後潛藏的動機，進而理解、進而放下。

也許，你遭遇了對方背棄倫常、過河拆橋、貪猥無厭的行為，究竟要如何原諒這赤裸裸的惡意？

沒有絕對的是非，只有維護自利的立場

這幾年來，在執行幾乎不能有善惡觀念的律師職務裡，我發現無論何種案件，其實都沒有絕對的是非，有的只是維護自己利益的各種立場。為什麼對方要這麼做？其實很簡單，也許是為了錢、也許是為了愛，也許只是出於報復，但原因都不

脫各自的立場。

這筆遺產不屬於我，但要是真的能爭到，不要說解決生計了，家人從此能過上無憂無慮的生活。我雖然不是善意父母，但要是我能爭到監護權，一定能比對方做得更好。每個人都是帶著這個「利己」的動機，在法院爭個你死我活。

看起來很自私，換做是你會選擇不爭嗎？

每個人都堅信，自己才是正確的那一方。這個真的是「惡意」嗎？故事裡的當事人，也許是理解、也許是無奈，但最後都因為明白了對方的「惡意」只是出於不同立場，所以才選擇了和解。也許他們終究無法認同這些惡意，但卻會嘗試去理解這些惡意行為背後的動機，至此，才出現了「放下」的選項。

當我們嘗試向對方伸出善意的手，有時會被重重打臉，有時甚至會被羞辱，但這才是解決問題的契機。先道歉的不會輸（法律上本來就不會），只是你比對方更在乎解決問題而已。

開不了的口、伸不出的手、這些「高難度動作」所欠缺的動力，希望在閱讀完這十八個故事後，在你心中的儲思盆內，漸漸浮現。

陪你走一程

- **法律扶助基金會（免費律師諮詢、打官司）：**

  電話：412-8518（手機請加02）

- **勵馨基金會（家庭、性別暴力諮商管道）：**

  總辦事處電話：(02) 8911-8595

- **宇聯心理治療所（心理、伴侶諮商）：**

  臺北市大同區承德路二段75巷5號1樓

  電話：(02) 2556-5255

- **群律法律事務所：**

  臺北市大安區羅斯福路2段95號15樓之1

  電話：(02) 2367-1477

家庭與生活 087

那 18 張傳票
從難解到和解，法庭中最不捨的親情選擇題

作者｜簡大為
責任編輯｜謝采芳、王淑儀
文字校對｜陳子揚
封面設計｜周家瑤
版型設計、排版｜賴姵伶
行銷企劃｜溫詩潔

天下雜誌群創辦人｜殷允芃
董事長兼執行長｜何琦瑜
媒體產品事業群
總經理｜游玉雪
總監｜李佩芬
副總監｜陳珮雯
版權主任｜何晨瑋、黃微真

出版者｜親子天下股份有限公司
地址｜台北市 104 建國北路一段 96 號 4 樓
電話｜ (02)2509-2800　傳真｜ (02)2509-2462
網址｜ www.parenting.com.tw
讀者服務專線｜ (02)2662-0332　週一～週五 09:00~17:30
讀者服務傳真｜ (02)2662-6048
客服信箱｜ parenting@cw.com.tw

法律顧問｜台英國際商務法律事務所 ・ 羅明通律師

製版印刷｜中原造像股份有限公司
總經銷｜大和圖書有限公司　電話｜ (02)8990-258

出版日期｜ 2023 年 4 月第一版第一次印行
定價｜ 380 元
書號｜ BKEEF087P
ISBN ｜ 978-626-305-450-9（平裝）

訂購服務
親子天下 Shopping ｜ shopping.parenting.com.tw
海外・大量訂購｜ parenting@cw.com.tw
書香花園｜台北市建國北路二段 6 巷 11 號
電話｜ (02)2506-1635
劃撥帳號｜ 50331356 親子天下股份有限公司

國家圖書館出版品預行編目 (CIP) 資料
那 18 張傳票 : 從難解到和解 , 法庭中最不捨的親情選擇題 / 簡大為著 . -- 第一版 . -- 臺北市 : 親子天下股份有限公司 , 2023.04
256 面 ; 14.8X21 公分 . -- (家庭與生活 ; 87)
ISBN 978-626-305-450-9(平裝)

1.CST: 法律 2.CST: 和解 3.CST: 通俗作品

586.48　　112003149